CATALOGUE
DES LIVRES

COMPOSANT LA

Bibliothèque de Feu M. DELÉCLUSE

Dont la Vente aura lieu

LE LUNDI 30 JANVIER 1882

ET JOURS SUIVANTS

De 2 à 5 heures de l'après-midi, et de 7 heures
à 10 heures du soir

Rue de la Renfermerie, 19, a Reims

Par le ministère de Me DEPOIX, *Commissaire-Priseur.*

TROISIÈME PARTIE

REIMS

F. MICHAUD

Libraire, 23, Rue du Cadran-Saint-Pierre, 23.

1882

CATALOGUE

DES LIVRES

COMPOSANT LA

BIBLIOTHÈQUE DE FEU M. DELÉCLUSE

TROISIÈME PARTIE

CONDITIONS DE LA VENTE

La Vente se fait au comptant.

Les Acquéreurs paieront dix pour cent en sus des enchères.

Les réclamations devront être faites dans les vingt-quatre heures de l'adjudication ; passé ce délai, ou une fois sortis de la salle de vente, les articles adjugés ne seront repris pour aucune cause.

M. F. MICHAUD, Libraire, chargé de la Vente, remplira les Commissions que les amateurs voudront bien lui confier.

CATALOGUE
DES LIVRES

COMPOSANT LA

Bibliothèque de Feu M. DELÉCLUSE

Dont la Vente aura lieu

LE LUNDI 30 JANVIER 1882

ET JOURS SUIVANTS

De 2 à 5 heures de l'après-midi, et de 7 heures
à 10 heures du soir

Rue de la Renfermerie, 19, a Reims

Par le ministère de Me **DEPOIX**, *Commissaire-Priseur.*

TROISIÈME PARTIE

REIMS

F. MICHAUD

Libraire, 23, Rue du Cadran-Saint-Pierre, 23.

—

1882

AVIS

La Bibliothèque dont nous continuerons la vente le 30 Janvier et jours suivants, compte encore **30 mille Volumes**.

Nous sommes dans l'obligation d'avoir à livrer dans un bref délai l'immeuble où sont réunis tous ces livres.

Pour abréger notre travail, nous avons fait un Catalogue où une partie seulement de ces Ouvrages sont désignés soit seuls ou en lots, suivant leur importance ; c'est l'ordre que nous comptons suivre pour tous ceux qui ne figurent pas sur ce Catalogue.

Le Jeudi 2 et le Vendredi 3 Février, nous vendrons 5 à 6,000 volumes brochés de Littérature moderne du format Charpentier.

A chaque vacation, il sera vendu un certain nombre de gravures anciennes et modernes.

En général tous les volumes brochés sont à l'état de neuf non coupés.

Les personnes qui désireraient des renseignements avant la Vente peuvent s'adresser à M. F. MICHAUD, Libraire.

CATALOGUE

DES LIVRES

COMPOSANT LA

Bibliothèque de M. DÉLÉCLUSE

TROISIÈME PARTIE

1. Anthologie Françoise, ou Chansons choisies depuis le XIIIe siècle jusqu'à présent. *s. l.*, 1765. 4 vol. in-8, cartonnés, non rognés, portrait et figures.

2. Assemblée Nationale comique, par Aug. Lireux, illustrée par Cham. *Michel Lévy*, 1850. 1 vol. in-4º, demi-veau rouge. = Le Jardin des Plantes, par Boitard. *J.-J. Dubochet*, 1842. 1 vol. in-4º, demi-chag., coins, figures. = Londres et les Anglais, illustrés par Gavarni. *G. Barba, s. d* 1 vol. in-4º, br., n. c. = Les Français, peints par eux-mêmes. *Furne et Ce*, 1853. 1 vol. in-4º, br., n. c., ensemble 4 vol.

3. **Annuaires** de la Société de l'Histoire de France, de 1837 à 1860, 24 années, reliées en 12 vol. in-12, demi-bas.

4. **Antiquités** Etrusques, Grecques et Romaines, gravées par F.-A. David, avec leurs explications par d'Hancarville. *Paris*, 1787. 5 tomes en 2 vol. in-4° demi-veau vert, fig. en couleur.

5. **Arago** (F.) (Œuvres de). Notices biographiques, 3 vol.; Notices scientifiques, 5 vol.; Mélanges, 1 vol.; ensemble, 9 vol. in-8, br.

6. **L'Afrique** Française, l'Empire de Maroc et les Déserts de Sahara, par P. Christian, fig. de T. Johannot, E. Bellangé, etc. *A. Barbier, s. d.* 1 vol. gr. in-8. = La Hongrie ancienne et moderne, par Boldenyi, illustrée par Janet-Lange, Beaucé, etc. *H. Lebrun*, 1851, 1 vol. gr. in-8. = Voyage dans la Russie méridionale et la Crimée, par A. Demidoff, illustré par Raffet. *E. Bourdin*, 1840. 1 vol. gr. in-8. = La Méditerranée, ses Iles et ses Bords, par M. Louis Enault, illustrations de Rouargue. *Morizot*, 1863. 1 vol. gr. in-8. = Angleterre, Ecosse, Irlande, Voyage pittoresque, par Louis Enault, illustré de gravures et types par Gavarni. *Morizot*, 1859. 1 vol. gr. in-8. Ensemble 5 vol. gr. in-8, demi-chag.

7. **Abécédaire** d'archéologie, par Caumont. *Paris*, 1851. 1 vol. in-8, d. ch. = Cours d'Antiquités monumentales, par Caumont. *Paris*, 1841. 3 vol. in-8, d. ch. = Manuel d'Archéologie, par Oudin. *Paris*, 1845.

1 vol. in-8, d. bas. = Numismatique ancienne, par
Hennin. *Merlin*, 1830. 2 vol. in-8, d. bas. = Antiqui -
quités grecques, par Robinson. *Verdières*, 1822. 2 vol.
in-8, v. Ensemble 9 vol.

8. Albert-Montémont. Bibliothèque Universelle des
Voyages effectués par mer ou par terre dans les diverses parties du Monde, depuis les premières décou-
vertes jusqu'à nos jours. *Armand-Aubrée*, 1823-1836.
46 vol. in-8, br.

9. Une Année de Voyage dans l'Arabie centrale, traduit de
l'anglais W.-G. Palgrave. *L. Hachette*, 1866. 2 vol.
in-8 br., figures. = Campagnes de l'armée d'Afrique
1835-1839, par le Duc d'Orléans. *Michel-Lévy*, 1870.
1 vol. in-8, br. n. c. = Voyage dans l'Afrique centrale, par Ad. Delegorgue. *A. Réné*, 1847. 2 vol. in-8,
br., n. c. Ensemble 5 vol.

10. Annales des Cauchois, depuis les temps celtiques jusqu'à 1830. *Comon et C*e, 1847. 3 vol. = Histoire de
la Ville de Gournay-en-Bray, par N.-R. Potin de la
Mairie. 1842. 2 vol. = La Seine-Inférieure industrielle
et commerciale, par A. Corneille. *Rouen, Herpin*,
1873. 1 vol. = Siége et prise de Rouen par les Anglais (1418-1419), par L. Puiseux. *Caen, Le Gost-
Clerisse*, 1867. 1 vol. = L'Etablissement de la Fête
de la Conception Notre-Dame, dite la Fête aux Normands, par Wace, etc. *Caen, Mancel*, 1842. 1 vol.
Ensemble 8 vol. in-8, brochés.

11. **Anglais** (les) peints par eux-mêmes. *L. Curmer*
1840, tome 1, broché. = Autrefois, ou le bon vieux
Temps, types français du XVIIIe siècle. *Challamel et Ce,*
s. d. 1 vol. gr. in-8, br. = Galerie des Gens de Let-
tres au XIXe siècle, par Ch. Robin, avec portraits
d'après nature. *V. Lecou,* 1848. 1 vol. gr. in-8. —
Ensemble 3 vol. gr. in-8, brochés.

12. **Les Actes des Apôtres**, *Paris,* 1790. 20 vol. reliés
en 10, in-12, bas.

13. **Alcibiade** enfant à l'Ecole. *Amsterdam,* 1866, 1 vol.
in-12, br. = Œuvres anacréontiques. *Bruxelles* 1870,
1 vol. in-12, br. = La Vengeance des Femmes. *Paris,*
1704. in-12 br. = Un Point curieux des Mœurs de
la Grèce. *Bruxelles,* 1870. In-18, br. = La Religion
détruite. *Londres, s. d.* in-18, br. = Oraison funèbre
de Paris. 1774, in-18, br. = L'Ordre de Chevalerie.
Paris, 1870, in-18, br. = Recueil de Pièces rares.
Baraud, 1872. 1er volume seul, br. = Triomphe de
dame Vérole. *Willem.* 1874. 1 vol. in-8, br. Ensemble
9 vol.

14. **Annales** dramatiques par une Société de Gens de
Lettres. *Paris,* 1808. 9 vol. in-8, v.

15. **Baschet.** Les Princes de l'Europe au XVIe siècle. *Plon,*
1862. 1 vol. in-8, b. = Souvenirs de Berryer. *Du-*
pont, 1839. 2 vol. in-8, br. = Histoire du Mexique.
Juarez et Maximilien. *Lacroix,* 1868, 3 vol. in-8, br.
Histoire de huit Ans, par E. Regnault. *Pagnerre,*
1851. 3 vol. in-8, d. v. = Histoire des Bohémiens,

par Grelhnann. *Chaumerot,* 1810. 1 vol. in-8, br. =
Histoire des Vandales, par Marcus. *Roret,* 1838. 1
vol. in-8, br. Ensemble 11 vol.

16. **Bible** (la). Traduction de la Vulgate, par Le Maistre de
Sacy (Ancien et Nouveau Testament). Nouvelle édition
ornée de figures de Marillier, tirées sur chine. *Paris,*
1834, 5 vol. in-4º demi-chagr. vert.

17. **Boyve** (J,) Annales historiques du comté de Neufchâ-
tel et Valangin depuis Jules César jusqu'en 1722.
Berne, 1854. 5 vol. in-8, demi-veau russe, tr. marb.

18. Biographie toulousaine. *Michaud,* 1823. 2 vol. =
Histoire de l'arrondissement des Andelys, par le
marquis de La Rochefoucauld-Liancourt. 1833. 1 vol.
= Notices chronologiques sur les Théologiens, Litté-
rateurs, Troubadours, etc., de la Bretagne, par Mior-
cec de Kerdanet. *Brest,* 1818. 1 vol. = Histoire de la
ville de Saint-Omer, par J. Derheims. 1843. 1 vol. =
Histoire des Fêtes civiles et religieuses ; des usages
anciens et modernes du département du Nord, 1834.
1 vol. = Dictionnaire bibliographique du XVe siècle,
par de la Serna, Santander, 1805. 3 vol. Ensemble 9 vol. in-8 demi-reliure.

19. **Beattie** (W.). L'Ecosse pittoresque, ou suite de vues
prises par Allom, Bartlett, etc. *Londres,* 1838.
2 vol. in-4º, demi-veau rouge.

20. **Bible.** Den Grooten, Figuer-Bibel, dat is een afbeel-
dingh en levendighe vertooningh, van alle de voor-

naemste historien, Leeringen en Ghelijckenissen der gantscher Heyliger Schrist, in schoone Copere Figueren, etc. *t'Alcmaer, Symon Cornelisz*, 1646. 1 vol. in-folio veau russe. tr. dor. aux armes.

21. Beaux-arts et Voyages, par Ch. Lenormand. *Michel Lévy*. 1861. 2 vol. in-8. = Les Artistes Belges à l'étranger, par Fétis. *Bruxelles*, 1857. 2 vol. in-8. = L'Année Artistique (1878), par Champier. *Quantin*, 1879. 1 vol. in-8. = Gros et ses Ouvrages, par Delestre. *Labitte*, 1845. 1 vol. in-8. = Etude sur Jean Cousin, par Didot. *Didot*, 1872. 1 vol. in-8. = Voyage de la Flandre, par Descamp. *Barbat*, 1838. 1 vol in-8. Ensemble 8 vol.

22. Nouveau Recueil de Contes, dits, fabliaux du XIIIᵉ au XVᵉ siècle, par Achille Jubinal. *Ed. Paumier*, 1839. 2 vol. in-8, br., n. c. = La Poésie des Troubadours, par Fréd. Diez. *J. Labitte*, 1845. 1 vol. in-8, demi-chag. = François Villon, sa Vie et ses Œuvres, par Ant. Campeaux. *A. Durand*, 1859. 1 vol. in-8, br., n. c. = Les Trouvères, Brabançons, Hainuyers, Liégeois et Namurois, par Arthur Dinaux. *Bruxelles Heussner*, 1863, 1 vol. in-8, br., n. c. = Trouvères belges du XIIᵉ au XIVᵉ siècle. Chansons d'amour, Jeux, Partis, Pastourelles, etc., publiés par Aug. Scheler. *Bruxelles, M. Closson et Cᵉ*, 1876. 1 vol. in-8, br. n. c. Ensemble 6 vol. in-8.

23. **Balzac.** Etudes de Mœurs ; Scènes de la Vie privée. 4 vol. = Scènes de la Vie de Province 4 vol. = Scènes de la Vie Parisienne. 4 vol. *Paris, Verdet*, 1835. 12 vol. in-8, br.

24. Bulletin du Bibliophile Belge, publié par F. Heussner. *Bruxelles*, 1845-1860. 16 vol. in-8, bradel, tr.
peigne.

25. Collection du Bibliophile Français, *Bachelin-Deflorenne*.
1864-1868. 10 vol. in-18, br , n. c. == *H. Moreau,
Documents.*==*Lamennais.* == *M*^me *de Lamartine,* == *La
Lisettede Béranger.*==*Rouget de Lisle.*==*Elisa Mercœur.*
== *Gérard de Nerval.*==*H. Murger.*==*H. Moreau, Œuvres inédites.* == *Méry.* == Du Dandysme, par Barbey
d'Aurevilly. *Poulet-Malassis.* 1862. 1 vol. in-12, br.,
n. c. == Camées Parisiens, par Théodore de Banville,
1re Série-Frontispice. *R. Pincebourde*, 1866. 1 vol.
in-12, br., n. c. == De Balzac. Revue Parisienne.
Paris, 1840. 1 vol., br., n. c. Ensemble 13 vol., br., n. c.

26. Cicéron (Œuvres complètes). *Panckouke*, 1810. 36 vol.,
in-8, br., n. c.

27. Correspondance de Fiévée avec Bonaparte. *Desrez*,
1836. 3 vol. in-8. demi-chag. == Révolution de
Brumaire, par Lucien Bonaparte. *Charpentier*, 1845.
1 vol. in-8, d. bas. == Les Brigands démasqués.
Londres, 1796. 1 vol. d.-bas. == Code de la Noblesse,
par Semainville. *Paris*, 1860. 1 vol. in-8, br. == Histoire des Sociétés secrètes dans l'Armée. *Gide*, 1815.
1 vol. in-8, br. == Paris en Province, par Ducrest.
Ladvocat, 1831. 3 vol. in-8, br. == Histoire du Tribunal
révolutionnaire, par Wallon, les deux premiers vol.
Hachette. 1880. 2 vol. in-8, br. Ensemble 12 vol.

28. Cantu (César). Histoire universelle. *Firmin Didot*,
1843. 19 vol. in-8, demi-veau rouge.

29. **Chasse.** La Chasse au Lion, par Jules Gérard, fig. de
G. Doré. *Librairie nouvelle*, 1857. 1 vol. in-12, br.
= Souvenirs de mes Chasses et Pêches dans le Midi
de la France, par le vicomte Louis de Dax. *Castel*,
1858. 1 vol. in-12, br. = Le Parfait Chasseur, Traité
général de toutes les Chasses, par Aug. Desgraviers.
Demonville, 1810. 1 vol. in-8, br., figures. = Les
Chasses de François Ier, par de La Ferrière. *Aug.
Aubry*, 1869. 1 vol. in-8, demi-chagr., n. rogné. =
Les Gentilshommes chasseurs, par le marquis de Fou-
dras. *Alex. Cadot*, 1850. 2 tomes en 1 vol. demi-rel.
Ensemble 5 vol.

30. **Cervantès Saavedra** (Miguel de). L'ingénieux
Hidalgo Don Quichotte de la Manche, traduction de
Louis Viardot, avec les dessins de Gustave Doré. *Librairie de L. Hachette et Cº*, 1863. 2 vol. in-folio,
cart. de l'éditeur.

Bel exemplaire de premier tirage.

31. **Caylus** (Comte de) Recueil d'Antiquités égyptiennes
étrusques, grecques et romaines. *Desaint et Saillant*,
1761. 7 vol. in-4º veau, tr. dorées.

Un nom enlevé sur les titres.

32. **Crétineau-Joly.** Histoire religieuse, politique et littéraire de la Compagnie de Jésus. *Paris, Mellier*,
1844. 6 vol. in-8, demi-veau. Portraits fac-simile.

33. Jésuites (les) et l'Université par F. Génin. *Paulin*,
1844. 1 vol.==Ou l'Eglise ou l'Etat, par F. Génin. *Cha-*

merot, 1847. 1 vol. == Ligue des Nobles et des Prêtres contre les Peuples et les Rois, etc., par Paul de P.*** *Barba,* 1820. 2 tomes en 1 vol. == Institution de la Religion chrétienne, par Jean Calvin, traduction de Ch. Icard. *Genève, Guers,* 1818. 3 vol. == Histoire des Sectes religieuses qui sont nées, se sont modifiées, etc., dans les différentes contrées du Globe, depuis le commencement du siècle dernier jusqu'à l'époque actuelle, par M. Grégoire, ancien Evêque de Blois. *Baudoin, frères,* 1828. 6 vol. Bradel. Ensemble 11 vol. reliés demi-chag. et Bradel pap.

34. Correspondance de Jacques-Benigne Bossuet, depuis 1658 jusqu'en 1703. *Versailles, Lebel,* 1819. 6 vol. in-8. == Bossuet, orateur. Etudes critiques sur les Sermons de la jeunesse de Bossuet, par E. Gandor. *Didier et Cᵉ,* 1867. 1 vol. in-8. == Le Christianisme et le Libre Examen, discussion des arguments apologetiques, de Grotius, Pascal, etc., etc., par le Docteur Marq. *Didier et Cᵉ,* 1864. 2 vol. == Jacques de Sainte-Beuve, docteur de Sorbonne et professeur royal, Etude d'histoire privée, détails inconnus sur le premier Jansénisme. *Aug. Durand,* 1865. 1 vol. Ensemble 10 vol. in-8, brochés, n. c.

35. **Costumes** historiques de la France, d'après les monuments les plus authentiques, statues, bas-reliefs, tombeaux, etc., etc., avec un texte descriptif par le bibliophile Jacob. *Administration de Librairie, s. d.* 8 vol. in-8, brochés, fig. noires et coloriées.

36. Compléments de Buffon, par P. Lesson. *P. Pourrat,*
1838. 2 vol. de texte et un contenant 120 planches
coloriées, rel. pleine. = Keepsake d'Histoire naturelle, description des Oiseaux avec l'art de les pré-
parer et de les conserver, par Achille Comte, ouvrage
illustré de 150 dessins de Victor Adam. *Bazouge-Pi-*
goreau, s. d. 1 vol. gr. in-8, demi-chag. rouge, fig.
coloriées. = Le Monde des Insectes, par H. Ber-
thoud, dessins de Yan'Dargent. *Garnier, s. d.* 1 vol.
gr. in-8, demi-chag. rouge, tr. dor. Ensemble 5 vol.
gr. in-8 reliés.

37. Chefs-d'œuvre dramatiques du XVIII° siècle, édition
ornée de portraits en pied coloriés, dessinés par Gef-
froy. *Laplace,* 1872. 1 vol. gr. in-8. = Histoire de
France, par E. Mennechet, illustrée de gravures sur
acier. *Garnier, frères, s. d.* 1 vol. gr. in-8, br. = Les
Femmes, d'après les auteurs français, par E. Muller,
avec 15 portraits gravés au burin. *Garnier, frères,*
s. d, 1 vol. gr. in-8. Ensemble 3 vol. gr. in-8, brochés.

38. Conquête du Mexique, par Prescott. *Didot,* 1846.
3 vol. in-8, d. v. = Mélanges de Littérature, par Nodier. 2 vol. in-8, br. = Etude sur les Tragiques grecs,
par Patin. 3 vol. in-8, d. v. = Album de la Mode.
Paris, 1833. 1 vol. in-8, d. ch. = Lettres de Napoléon. *Didot,* 1833. 2 vol. in-8, br. = Anecdotes sur la
Cour de Napoléon. *Paris,* 1818. 1 vol. in-8, d. v. =
Recherches sur les derniers jours des Rois de France,
par Berthevin. *François,* 1825. 1 vol. in-8. Ensemble
13 vol.

39. La Cérémonie du Malade imaginaire. *Perrin,* 1870.
In-8, br. = Les Travailleurs de Septembre. *Dentu,*
1862. In-12 br. = Histoire des Princes Croquetron.
A Gringuenaude. In-12 br. = Catalogue d'un Li-
braire du XVe siècle. *Paris,* 1868. In-18 br. =
Traité du Célibat des Prêtres. *Paris,* 1856. In-18 br. =
Comédie du Pape malade, *Genêve,* 1561, in-18 br. =
L'Eunuque parade. 1750. In-16 , broché. = La
Messe des Sans-Culottes. *Reims,* 1854. In-16, br.. =
L'Art de plumer la Poule. *Reims,* 1854. In-16 br. =
Souvenirs de Bouhier. *s, l. n. d.* In-12 br. = Deux
Relations du Meurtre de Monalduchi. 1865. In-16 br. =
Lettres des Hommes obscurs. 3 vol. in-32. = Congrès
de Femmes. 1 vol. = Les Baisers de Jean Second.
1 vol. = La Sorbonne et les Gazetiers. 1 vol. =
Lettre à César, par Salluste. 1 vol. = Le Sylphe.
1 vol. Ensemble 17 vol.

40. Chronique de Juillet 1830, par M. L. Rozet. *Th. Barrois,* 1832. 2 vol. = Douze Journées de la Révolution,
poèmes par Barthélemy; FIGURES DE RAFFET SUR
CHINE. *Perrotin,* 1832. 1 vol. = Mémoires historiques de S. A. R. Madame, Duchesse de Berri, publiés
par A. Nettement. *Allardin,* 1837. 3 vol. = Mémoires,
Lettres et Pièces authentiques touchant la Vie et la
Mort du Duc de Berry, par de Chateaubriand. *Le
Normant,* 1820. 1 vol. Ensemble 7 vol. in-8, demi-
veau.

41. Cromwel, drame, par Victor Hugo. *Paris, Amb. Dupont,* 1828. 1 vol. in-8, d. bas (*édition originale*). =

Lucrèce, tragédie en 5 actes, par Ponsart. *Furne,*
1843. 1 vol. in-8, br. (*édition originale*).

42. Causes criminelles célèbres du XIXe siècle, rédigées
par une Société d'Avocats. *H. Langlois,* 1826. 4 vol..
br. == Causes politiques célèbres du XIXe siècle, etc.
H. Langlois, 1826. 4 vol., br. == Ta-Tsing-Leu-Lée,
ou les Lois fondamentales du Code pénal de la Chine,
etc. *Le Normant,* 1812. 2 vol. demi-chag. vert. ==
Commentaires du Code de commerce et de la Législa-
tion commerciale, par I. Alauzet. *Cosse et Marchal,*
1856. 4 vol., demi-chag. Laval. == Histoire des Duels
anciens et modernes, par M. Fougeroux de Champi-
gneulles. *Just Tessier,* 1835. 2 vol., br. Ensemble 16
vol. in-8.

43. Complément du Dictionnaire de l'Académie. *Paris,*
1866. 1 vol. in-4°, br. == Histoire de la Littérature
espagnole, par Magnabal. *Durand,* 1864. 1 vol. in-8,
br. == Dictionnaire des Onomatopées françaises, par
Ch. Nodier. *Delangle,* 1828. 1 vol. in-8, br. == La
Quintessence de la Grammaire arabe. *Paris,* 1833.
1 vol. in-8, c. == Le Pays basque, sa Population, sa
Langue, etc., par F. Michel. *Didot,* 1857. 1 vol in-8,
d. rel. == Proverbes béarnais. *Paris,* 1862. 1 vol.
in-8, br. == Loisirs d'un Languedocien. *Montpellier,*
1827. 1 vol. in-8, demi-mar. Ensemble 7 vol.

44. Dictionnaire des Armées de Terre et de Mer, par de
Chernel. *Paris, Labitte,* s. d. 2 vol. gr. in-8, d. bas.

45. Des Causes des Révolutions, par de Volx. *Dentu*, 1801. 2 vol. in-8, d. ch. == Révolution française, par Walsh. *Paris,* 1839. 5 vol. in-8, d. bas. == Histoire de Marie-Antoinette, par Montjoie. *Paris*, 1814, 2 vol. in-8, d. bas. == Mémoires de la Marquise de Laroche-Jacquelin. *Paris,* 1817. 1 vol. in-8, br. == Recherches sur la Condamnation du Duc d'Enghien. *Paris,* 1844. 2 vol. in-8, br. == Histoire de la Conjuration de Robespierre. *Paris, s. d.* 1 vol. in-8, d. ch. == Histoire des Martyrs de la Révolution. *Coblentz,* 1792. 1 vol. in-8, d. ch. Ensemble 14 vol.

46. **Destouches** (N.). Œuvres dramatiques, *L. Tenré,* 1820. 6 vol. in-8, veau fil. Portrait et figures.

47. **Du Tillot.** Mémoires pour servir à l'Histoire de la Fête des Fous qui se faisait autrefois dans plusieurs Eglises. *Lausanne et Genève,* 1741. 1 vol. in-4º, broché.

Très bel exempl. 1 fleuron sur le titre et 12 gravures.

48. **Dorat.** Idylles de Saint-Cyr. *Amsterdam,* 1771. 1 frontispice, 1 vig. et 1 cul de lampe. == Ma Philosophie. *La Haye,* 1771. 1 fig., 1 vig. et 1 cul de lampe. 1 vol. gr. in-8, broché, pap. de Hollande.

49. **Dictionnaire** d'Argot, par F. Michel. *Didot,* 1865. 1 vol. in-8, br. == Dictionnaire des Origines, par Noël. *Janet et Cotelle,* 1834. 4 vol. en 2, d. v. == Dictionnaire des Noms-propres de l'antiquité, par Bouillet. *Belin-Maridar,* 1828. 2 vol. in-8, d. bas. == Dictionnaire des Proverbes Français, par la Mésan-

gère. *Treuttel et Wurtz*, 1823. 1 vol. in-8, d. bas.==
Origine des Noms-propres, par Coston. *Aubry*, 1867.
1 vol. in-8, br. == Histoire du Style Lapidaire. *Dé-
terville*, 1800. 1 vol. in-8, v. Ensemble 10 vol.

50. **Diorama anglais**, ou Promenades pittoresques à
Londres, renfermant les notes les plus exactes sur les
caractères, les mœurs, les usages de la nation anglaise, prises dans les différentes classes de la Société
par M.-S. (J.-B.-B. Sauvan). Ouvrage orné de vingt-
quatre planches gravées et enluminées. *Paris, chez
Jules Didot*, 1823. gr. in-8, fig., bradel.

51. Dictionnaire encyclopédique des Armées de Terre et de
Mer, par A. de Chesnel, illustré de 1,700 grav. au
trait. *A. Labitte, s. d.* 2 vol. gr. in-8, demi-chag. ==
Voyage autour du Monde sur la corvette la *Coquille*,
par P. Lesson. *P. Pourrat*, 1839. 2 vol, in-8, demi-
veau, fig. Ensemble 4 vol.

52. **De La Chausse**. Romanum Museum sive Thesaurus
Eruditœ antiquitatis, etc. *Romœ*, 1746. 2 vol. in-folio,
veau.

53. **Dante**. L'Enfer du Dante Alighieri, avec les dessins
de Gustave Doré. *L. Hachette*, 1868. 1 vol. in-folio,
cartonné, toile rouge, non rogné.

Bel exemplaire de 1er tirage.

54. Dictionnaire bibliographique, par Psaume. *Ponthieu*,
1824. 2 vol. in-8, br. == Recherches sur les Bibliothèques par Petit-Radel. *Rey*, 1819. 1 vol. in-8, d.

bas. = Dictionnaire bibliographique, par Cailleau. *Paris*, 1791. 3 vol. in-8, v. f. = Origines de l'Imprimerie, par Daunou. *Renouard, an XI.* 1 vol. in 8, d. v. = Du Progrès de l'Imprimerie. *Crapelet*, 1836. 1 vol. in-8, cart. = Catalogue de Soubise. *Paris*, 1788. 1 vol. in-8, mar. = Catalogue de la Bibliothèque Ch. Nodier. *Techner*, 1844. 1 vol. in-8, d. v. Ensemble 10 vol.

55. Discours sur l'Etat des Lettres au XIVe siècle, par Le Clerc et Renan. *Didot*, 1863. 1 vol. in-4º, d. ch. = Les Poètes contemporains de l'Allemagne, par Martin. *Renouard*, 1846. 1 vol. in-8, br. = Manuel de la Liberté de la Presse, par Hattin. *Pagnerre*, 1868. 2 vol. in-8, br. = Les Maîtresses de Louis XV, par de Goncourt. *Didot*, 1860. 2 vol. in-8, br. = Maugars, sa Biographie, par Thoinan. *Claudin*, 1865. In-8, br. Ensemble 7 vol.

56. Dictionnaire étymologique, par Noël. *Paris*, 1839. 1 vol. in-8, br. = Histoire du journal la Mode, par Grenville. *Amyot*, 1861. 1 vol. in-8, br. = Epigrammes de Martial. *Guittel*, 1839. 3 vol. in-8, bas. = Economie politique, par Batbie. 1 vol. in-8, br. = Dettes et Créanciers de Catherine de Médicis. *Techner*, 1852. 1 vol. in-8, br. = Les Conventionnels d'Auvergne, par Boudet. *Aubry*, 1874. 1 vol. in-8. = La Piété au Moyen-Age, par Martound. *Dumoulin*, 1855. 1 vol. in-8. = Hygiène de la Digestion, par Gombert. *Garnier*, 1845. 1 vol. in-8. = Origine de la Signature. par Guigne. *Dumoulin*, 1863. 1 vol.

in-8. == Mémoires sur Voltaire. *André*, 1826. 2 vol.
in-8, bas. == Fortune publique de la France, par
Boitard, *Paris*, 1866. 2 vol. in-8. Ensemble 15 vol.

57. Découverte de l'Amérique par les Normands au Xe
siècle, par Gravier. *Paris*, 1874. 1 vol. in-8, br. ==
Allégories et Symboles, par de Vissac. *Aubry*, 1872.
1 vol. in-8, br. == Dictionnaire étymologique, par
Noël. *Lenormant*, 1839. 1 vol. in-8, br. == Mémoires
sur la Cour de France, par Soulavie. *A. Bertrand*,
1802. 1 vol. in-8, bas, == Description de la grande
Route de Paris à Reims, par Coutans. *Paris*, 1775. p.
in-4º, br., rogné. Ensemble 5 vol.

58. Etudes sur l'Histoire de la Musique, par Labat.
Techner, 1852. 2 vol. in-8, br. == Dictionnaire de
Musique, par Lichtenthal. *Paris*, 1839. 2 vol. in-8,
br. == Essais sur la Musique, par Grétry. *Paris, an V.*
3 vol. in-8, cart. Ensemble 7 vol.

59. Les Etrangers à Paris. *Paris, Warée, s. d.* 1 vol. gr.
in-8, d. ch. == Histoire de Paris moderne, par J.
Arago. *Lebigre-Duquesne*, 1867. 2 vol. gr. in-8,
br. == Etude sur le plan de Paris de 1540, par Franklin. *Aubry*, 1868. 1 vol. in-8. br.== Les Curiosités
de Paris. *Paris*, 1771. 2 vol. in-12, v. m. Ensemble
6 vol.

60. Exposition des Principes du droit Canonique, par le
Cardinal Gousset. *J. Lecoffre*, 1859. 1 vol. == Pascal,
sa Vie et son Caractère, ses Ecrits et son Génie, par
l'abbé Maynard. *Dezobry*, 1850. 2 vol. == Confé-

rences du Couvent de Saint-Thomas-d'Aquin de Paris, par le R. P. Monsabré (introduction au dogme catholique). *Poussielgue*, 1866. 2 vol. = Lettres de Saint-Augustin, traduites en français par M. Poujoulat. *L. Lesort*, 1858. 4 vol. Ensemble 9 vol. in-8, broché.

61. Essai historique sur la Révolution française, par *P.-P. Panckoucke*, 1845, 3 vol., d. bas. = Œuvres de Mme Roland. An VIII. 3 vol. in-8, d. v. = L'Ami des Patriotes. *Dumonville*, 1791. 4 vol. in-8, d. bas. = Histoire de la Guerre de Vendée, par Beauchamp. *Michaud*, 1807. 3 vol. in-8, d. ch. = Esquisses du Gouvernement révolutionnaire, par Ducancel. *Paris*, 1830. 1 vol. in-8, br. = Galerie des Aristocrates. 1790. 1 vol. in-8, d. ch. = Mémoires sur la Bastille. *Buisson*, 1789. 4 vol. in-8, c. Ensemble 19 vol.

62. Essai sur la Franc-Maçonnerie, *Audron*, 1788. 2 vol. in-8. = Documents Maçonniques, par Favre. *Paris*, 1866. 1 vol. in-8. = Les plus sacrés Mystères de la Maçonnerie dévoilés. *Jérusalem*, 1766. 1 vol. in-8. = Manuel de la Franc-Maçonnerie. *Teissier*, 1856. 1 vol. in-8. = Les Francs-Maçons, par Saint-Albin. *Wattelier*, 1867, 1 vol. in-8. = Recueil de Pièces sur la Franc-Maçonnerie. 1 vol. in-8, d. v. = Règlement de la Maçonnerie écossaise. *Paris*, 1867, 1 vol. in-8, d. c. de Russie. = Histoire pittoresque de la Franc-Maçonnerie, par Clavel. *Pagnerre*, 1843. 1 vol. in-8. = Quatre volumes et quatre brochures sur la Franc-Maçonnerie. Ensemble 17 vol.

63. Etudes orientales, par A. Franck. *Michel Lévy*, 1861.
1 vol. = La Philosophie de Leibniz, par Nourrisson.
L. Hachette, 1860. 1 vol. = Histoire des Révolutions
de la Philosophie en France pendant le Moyen-Age
jusqu'au XVIe siècle, par le Duc de Caraman. *Ladrange*,
1845. 3 vol. = Fragments et Souvenirs, par V. Cousin. *Didier et Ce*, 1857. 1 vol. = Du Paupérisme, ce
qu'il était dans l'antiquité, ce qu'il est de nos jours,
par de Chamborant. *Guillaumin*, 1842. 1 vol. = Histoire de la Détention des Philosophes et des Gens de
Lettres à la Bastille et à Vincennes, etc., par J. De-
lort. *Firmin Didot*, 1829. 3 vol. in-8. Ensemble 10
vol. in-8, brochés.

64. Eloge de la Folie. *Amsterdam*, 1727. 1 vol. in-12,
d. m. = Les Intrigues du Cabinet des Rats. *Paris*,
1788. 1 vol. in-8, v. = La Oille. *Constantinople*,
1733. 1 vol. in-18, bas. = Histoire de Jehan de Sain-
tré. *Dufart*, 1796. 1 vol. in-18, v. = Les Satyres de
Régnier. *Leide*, 1652. In-18, bas. = Poésies de
Goëthe. *Panckoucke*, 1825. 1 vol. in-18. v. f. = Le
nouveau Cabinet des Muses gaillardes. *Genève*, 1867.
1 vol. in-18. br. Ensemble 7 vol.

65. Les Eunéades de Plotin, par Bouillet. *Hachette*, 1859.
2 vol. in-8, br. = Précis de Philosophie, par Bénard.
Desobry, 1857. 1 vol. in-8, br. = COUSIN. Cours
d'histoire de la Philosophie moderne. 1 vol. in-8. =
Philosophie de Kant. 1 vol. in-8. = Philosophie de
Locke. 1 vol. in-8. = Cours d'histoire de la Philosophie moderne. 5 vol. in-12 br. Ensemble 11 vol.

66. Fastes populaires, ou Histoire des Actes héroïques du Peuple, etc., par Alph. Esquiros. *Paris*, 1853. 4 vol. gr. in-8, figures sur acier. = Charles Ier, sa Cour, son Peuple et son Parlement, par Philarète Chasles, illustré de gravures sur acier. *Louis Janet, s. d.* 1 vol. gr. in-8. = La Noblesse aux Croisades, par P. Roger. *Derache*, 1845. 1 vol. gr. in-8, illustré. = Les Nobles Filles, par Eug. Nyon, ouvrage illustré de 16 dessins à deux teintes, par H. Tolory. *E. Ducrocq, s. d.* 1 vol. gr. in-8. = Histoire pittoresque de l'Angleterre et de ses Possessions dans les Indes, par le Baron de Roujoux, Taylor et Ch. Nodier, figures sur bois et cartes. *Paris*, 1835. 3 vol. gr. in-8. Ensemble 10 vol., reliés.

67. **Fonfrède** (Henri) (Œuvres de), recueillies et mises en ordre par Ch.-Al. Campan. *Bordeaux*, 1844. 10 vol. in-8, demi-veau, ébarbé.

68. La France au Temps des Croisades, par Vaublanc. *Teehner*, 1849. 4 vol. in-8, br.=La Grèce, Rome et Dante, par Ampère. *Didier*, 1859. 1 vol. in-8, d, ch. = Les Princes de l'Europe au XVIe siècle, par Baschet, *Plon*, 1862, 1 vol. in-8, d. ch. = Histoire de Mademoiselle de Sévigné, par Aubenas. *Allouard*, 1842, 1 vol in-8, d. ch. = Œuvres d'Horace et de Properce. *Panckoucke*, 1831, 3 v., in-8, d. v. Ensemble 10 vol.

69. France et Chine, par Girard. *Hachette*, 1869. 2 vol. in-8. = Voyage dans la Cilicie, par Langlois. *B. Duprat*, 1861. 1 vol. in-8. = Lettres sur l'Egypte, par

Barthélemy-Saint-Hilaire. *E. Lévy*, 1861. 1 vol. in-8.
= Journal d'une Résidence en Circassie, par Vivien,
A. Bertrand, 1841. 2 vol. in-8. = L'Homme améri-
cain, par d'Orbigny. *Pitois*, 1839. 2 v. in-8. = Ex-
ploration des Sources du Nil, par Masson. *Hachette*,
1868, 1 vol. in-8. = Le Sénégal, par Mavidal. *Duprat*, 1863, 1 vol. in-8. = Les Touaregs, par Duvey-
rier. *Challamel*, 1864. 1 vol., in-8. Ensemble 11 vol.

70. La Fleur des Chansons amoureuses. *Rouen*, 1600. 1
vol, in-12 br. = La Raillerie universelle, 1649, in-12
br. = Alcibiade enfant à l'Ecole. *Amsterdam*, 1866.
1 vol. in-12 br. = Relation du grand Voyage du Pape.
Paris, Fiévée, 1791, in-16 br. = La Bibliothèque fa-
cétieuse. *Claudin*, 1858, in-12, br. = L'Orphée gro-
tesque. *Lille*, 1854. in-18, br. = Le Fer rouge, par
Glatigny. *France et Belgique*. 1870. in-18 br. = La
Politique burlesque. *Paris*, 1649, in-18, br. Ensemble
8 vol.

71. La Fricassée crotestillonnée. *Rouen*, 1867. 1 vol. in-12,
d. ch. = Traité du Célibat des Prêtres. *Princebourde*
1866. 1 vol in-12, br. = La Polymachie des Marmitons.
Lyon, 1563, in-8, br. = André Boulle, par Asselineau. *Paris*, 1872, in-8, br. = L'Enjollement de
Goula. *Paris*, 1634, 1 v. in-12 br. = Le Fantaisiste,
première partie. *San Remo*. 1873, 1 vol. in-12 br.
= Les Chansons de Gaultier Garguille. Claudin, 1858.
1 v. in-12. = Le Cochon mitré, 1856. 1 vol. in-12,
br. = Sirop au Cul, les deux Biscuits, l'Eunuque, 3
br. in-12. Ensemble 11 vol.

72. **Franklin**. Recherches sur les Bibliothèques du Collége des quatre Nations, de Notre-Dame de Paris, etc. *Aubry*, 1863-72, 5 vol. in-8. br. = Histoire de la Bibliothèque de Sainte-Geneviève, par Bougy. *Paris*, 1847. 1 vol. in-8 = De l'ancienne Bibliothèque des Ducs de Bourgogne, par Peignot. *Dijon*, 1841. 1 vol. in-8, br. = Les Commencements de la Typographie à Metz. 1 vol. in-8. = Recherches sur les Editions de Rabelais, par Brunet. *Potier*, 1852. 1 vol. in-8. br. Ensemble 9 vol.

73. Galerie des Aristocrates militaires. 1790. 1 vol. in-8, d. ch. = Mémoires sur la Bastille. *Buisson*, 1789. 4 vol. in-8, c. = Esquisses du Gouvernement révolutionnaire, par Ducancel. *Paris*, 1830. 1 vol. in-8, br. = Paris en Province. *Ladvocat*, 1831. 3 vol. in-8, br. Ensemble 9 vol.

74. **Godard** (l'Abbé). Cours d'Archéologie sacrée. *Paris, Guyot, frères*, 1853. 2 vol. gr. in-8, demi-chag. violet, figures.

75. **Gérardin**. Essai de Physiologie végétale, ouvrage dans lequel sont expliquées toutes les parties des Végétaux. *Paris, Schoell*, 1810. 2 vol. in-8, demi-chag., non rognés.

54 planches très finement coloriées.

76. **Girardin** (Madame Emile de). Œuvres complètes. *II. Plon*, 1861. 6 vol. in-8, br., n. c., portrait.

77. **Guizot** Collection de Mémoires sur la Révolution d'Angleterre. *Paris, Béchet*, 1823. 25 vol. in-8, d. v.

78. Guide pittoresque du Voyageur en France *Paris, Didot*, 1838. 6 vol. in-8, d, veau, figures.

79. **Grasset Saint-Sauveur.** Encyclopédie des Voyages, contenant l'abrégé historique des Mœurs, Usages, Religions, etc., etc., de tous les Peuples, et la collection complète de leurs Habillements, etc. *Deroy*, 1795. 5 vol. in-4º, veau fauve, 432 figures coloriées.

80. Guide de l'Amateur de Livres à vignettes, par Cohen. *Rouquette*, 1870. 1 vol. in-8, br. == Bibliotheca Scatologica. *Paris*, 1850. 1 vol. in-8, br. == Recherches sur les Editions originales de Rabelais, par Brunet *Potier*, 1852. 1 vol. in-8. == Recherches sur la Bibliothèque de l'Ecole de Médecine, par Franklin. *Aubry*, 1864. 1 vol. in-8, br. == Bibliothèque de Notre-Dame de Paris, par Franklin. *Aubry*, 1863. 1 vol. in-8, br. == Répertoire bibliographique, par Peignot. 1 vol. in-8, d. bas. Ensemble 6 vol.

81. Histoire de Commercy, par Dumont. *Bar-le-Duc*, 1843. 3 vol. in-8, d. v. == Essai sur la Bretagne, par de Courson. *Paris*, 1840, 1 vol. in-8, c. == Histoire des Landes. *Auch* 1846. 1 vol. in-8, br. == Histoire de Thionville. *Metz*, 1828. 1 vol. in-8, cart. == Le Pays Basque, par F. Michel. *Didot*, 1857. 1 vol. in-8, br. == Note d'un Voyage en Auvergne, par Mérimée. *Fournier*, 1838. 1 vol. in-8, br. == Histoire d'Amiens, par Dusevel. 1832. 2 vol. in-8, d. ch. == Histoire Na-

turelle de Provence. *Avignon*, 1782. 3 vol. in-8, bas. = Les Eglises de l'arrondissement d'Yvetot. 2 vol. in-8, rel. en 1, demi-bas. Ensemble 15 vol.

82. Cazin. Histoire de Clarisse Harlowe. 11 vol. =L'Orpheline Anglaise. 4 vol. =Amusements des Eaux de Spa. 5 vol.=Aventures de Joseph Audrew. 3 vol. Ensemble 23 vol. cazin, v. f., tr. dor.

83. Histoire des Basques. *Bayonne*, 1847. 2 vol. in-8, d. ch., tr. dor. = Histoire de la Gascogne, par Monlezun. *Auch*, 1846. 6 vol. in-8, d. ch. Ensemble 8 vol.

84. Histoire de l'Université, par Dubarle. *Didot*, 1844. 2 vol. in-8.= La Réforme intellectuelle, par Renan. *M. Levy*, 1872. 1 vol. in-8.= La Vie publique de Montaigu, par Grun. *Amyot*, 1855 1 vol. in-8. = Le XVIIIe siècle à l'Etranger, par Sayous. *Didier*, 1871. 2 vol. in-8. = Dictionnaire des Proverbes, par Quitard. *Bertrand*, 1842. 1 vol. in-8. = Les Mystères de la Chevalerie, par Aroux. *Renouard*, 1858. 1 vol. in-8. = Histoire des origines de l'Imprimerie, par Bernard. *Paris*, 1853. 2 vol. in-8. Ensemble 10 vol.

85. Histoire des Etats-Unis, par Bancroft. *Didot*, 1863. 9 vol. in-8. = Histoire des Voyages de Christophe Colomb, par Irving. *Gosselin*, 1833. 3 vol. in-8. = Christophe Colomb, par de Lorgues. *Didier*, 1856. 2 vol. in-8. = Les Français en Amérique, par Balch. *Sauton*, 1872. 1 vol. in-8. = Histoire de la Louisiane, par Barbé Marbois. *Didot*, 1829. 1 vol. in-8. Ensemble 16 vol.

86. Histoire de l'Empire anglais dans l'Inde, par de Penhoem. *Ladrange*, 1840. 6 vol. in-8, d. v. = Nouveaux Mélanges asiatiques, par Abel Rémusat. *Schubart*, 1829. 2 vol. in-8, cart. = Histoire de Portugal, par de Stella. *Pougin*, 1839. 2 vol. in-8, d. ch. = Histoire d'Allemagne, par Guinepolle. *Lavigne*, 1840. 2 vol. in-8, d. ch. = Nouveau Voyage dans les Etats-Unis, par Brissot. *Buisson*, 1791. 3 vol. in-8, v. éc. Ensemble 15 vol.

87. Histoire de la Musique religieuse, par Clément. *Leclerc*, 1860. 1 vol. in-8, br. = Dissertation sur les Instruments de Musique. 1 vol. in-8, d. ch. = Auber, par Jouvin. *Paris*, 1864. 1 vol. in-4º, cart. = Halévy, par Léon Halévy. *Paris*, 1863. 1 vol. in-4º, cart. = Rudiment d'Archéologie, par Caumont. *Paris*, 1851. 1 vol. in-8. d. bas. = Les Chevaliers Normands en Italie. *Maradan*, 1816. 1 vol. in-8, d. bas. = De la Rareté des Médailles, par Mionnet. *Paris*, 1827. 2 vol. in-8, d. bas. = Histoire du Blason, par Tysenbach. *Tours*, 1848. 1 vol. in-8, cart. = Recueil de Pièces. 1 vol. in-8, v. m. Ensemble 10 vol.

88. Histoire du Directoire, par Granier de Cassagnac. *H. Plon*, 1863. 3 vol. = L'Histoire de France, racontée par les Contemporains, par L. Dussieux. *F. Didot*, 1861. 4 vol. = Grandes Ephémérides de l'Hôtel impérial des Invalides, depuis sa fondation, etc., par le colonel Gérard. *H. Plon*, 1862. 1 vol. = La Révolution et l'Empire, 1789-1815, étude d'Histoire politique par le vicomte de Meaux. *Didier et C*e, 1867. 1 vol. Ensemble 9 vol. in-8 br.

89. Histoire des Causes de la Révolution, par G. de Cassagnac. *Plon*, 1856, 4 vol. in-8, d. bas. = Histoire de
la Révolution par Mignet. *Didot*, 1836. 2 vol. in-8, br.
= Mémoires pour l'Histoire de la Révolution, par
Samson. *Boulland*, 1831. 2 vol. in-8. d. v. = L'Ami
des Patriotes. *Demonville*, 1791. 4 vol. in-8, cart. =
Saint-Just et la Terreur, par E. Fleury. *Didier*, 1852.
2 vol. in-12, br. Ensemble 14 vol.

90. Histoire des Etats-Unis, par Laboulaye. *Charpentier*,
1866. 2 vol. in-8, br. = Promenades aux Etats-Unis,
par Ampère. *M. Lévy*, 1856. 2 vol. in-8, br. = L'Ins-
truction publique aux Etats-Unis, par Hippeau. *Didier*, 1870. 1 vol. in-8, br. = Voyage de l'Atlantique
au Pacifique, par Milton. *Hachette*, 1866. 1 vol. in-8,
br. = Cinq années au Canada, par Tyriès, *Boulland*,
1825. 2 vol. in-8, d. ch. Ensemble 8 vol.

91. Histoire scientifique et militaire de l'Expédition française en Egypte, publiée sous la direction de MM. X.-B.
Saintine, J. Marcel, L. Reybaud. *Dénain*, 1832. 10
vol. in-8, br., n. c., et deux atlas cartonnés.

92. Horace (Œuvres complètes d'). Edition polyglotte.
Cormon et Blanc, 1834. 1 vol. gr. in-8, demi-mar. r.,
n. rogné. = Imitation de N. S. Jésus-Christ, par J.
Gerson, édition polyglotte. *Cormon et Blanc*, 1841.
1 vol. g. in-8, br., n. c. Ensemble 2 vol.

93. Histoire de l'Imprimerie Impériale, par Duprat. *Paris*,
1861. 1 vol. in-8, br. = Les Huguenots du XVIᵉ
siècle, par Schœffer. *Cherbuliez*, 1870. 1 vol. in-8,

br. == Caractères et Talents, par Courdavaux. *Didier*, 1867. 1 vol. in-8, br. == Histoire des Prisons de la Seine, par Maurice. *Guillaumin*, 1840. 1 vol. in-8, br. == Les Bénédictins, par des Pilliers. *Cherbuliez*, 1869. 2 vol. in-8, br. == Origines latines du Théâtre moderne, par du Meril. *Frank*, 1849. 1 vol. in-8, br. == A. Thierry. Histoire d'Attila. *Didier*, 1856. 2 vol. in-8, d. ch. == Pétrarque, par Mézières. *Didier*, 1868. 1 vol. in-8. == Le Marquis d'Œdipe. *Plancher*, 1819. 1 vol. in-8, d. v. == Jongleurs et Trouvères, par Jubinal. *Paris*, 1835. 1 vol. in 8, br. Ensemble 12 vol.

94. Histoire de la Comédie, par du Meril. *Didier*, 1864. 1 vol. in-8, br. == Dictionnaire des Synonymes, par Guizot. *Didier*, 1850. 1 vol. in-8, d. ch. == Histoire de la Confession, par Lasteyrie. *Pagnerre*, 1846. 1 vol. in-8, br. == L'Hôtel de Cluny, par Saint-Surin. *Paris*, 1837. 1 vol. in-8, br. == Michel Cervantès, par Chasles. *Didier*, 1866, 1 vol. in-8, br. == Paris au XIXe siècle, par Esquiros. *Paris*, 1847. 2 vol. in-8, br. == Allégories et Symboles, par Vissac. *Paris*, 1872. 1 vol. in-8, br. == Théâtre de Hrosvitha. *Paris*, 1845. 1 vol. in-8, br. == Les Troubadours, par Baret. *Didier*, 1867. 1 vol. in-8, br. == Lettres de Voltaire à Moussinot. 1 vol. in-8, br. Ensemble 11 vol.

95. Histoire littéraire de la France avant le XIIe siècle, par Ampère. *Hachette*, 1839. 3 vol. in-8, br. == Œuvres choisies de J. Reynaud. *Furne*, 1866. 1 vol. in-8, br. == Le Livre de Job, par Renan. *M. Lévy*, 1860.

1 vol. in-8, br. == Mélanges d'Histoire religieuse, par Schérer. *M. Lévy*, 1864. 1 vol. in-8, br. Ensemble 6 vol.

96. Histoire des Comtes de Champagne, par Béraud. *Pilloud*, 1842. 2 vol. in-8. == Histoire de Châlons-sur-Marne, par de Barthélemy. *Laurent*, 1854. 1 vol. in-8 br. == Tablettes historiques de Joinville, par Collin. *Chaumont*, 1857. 1 vol. in-8. == Histoire d'Epernay, par Fiévet. *Fiévet*, 1868. 3 vol. in-8. == Les Archives curieuses de la Champagne, par Assier. *Troyes*, 1853. 1 vol. in-8. == Histoire de Versailles, par Leroi. *Versailles, s. d.* 2 vol. in-8.== Biographie châlonnaise. *Châlons*, 1870. 1 vol. in-8, br. Ensemble 11 vol.

97. Histoire de Waldrade, par Ernouf. *Techner*, 1858. 1 vol. in-8. == Mémoires de Fouché. *Lerouge*, 1824. 1 vol. in-8. == Dettes de Catherine de Médicis. *Techner*, 1862. 1 vol. in-8. == Histoire des Sectes religieuses, par Grégoire. *Paris*, 1845. 1 vol. in-8. == Répertoire bibliographique, par Peignot. *Renouard*, 1812. 1 vol. in-8. == Tableau littéraire du XIIe siècle, par Rosny. *Paris*, 1809. 1 vol. in-8.==Manuel du Bibliothécaire, par Namur. *Bruxelles*, 1834. 1 vol. in-8.==Histoire des Proverbes, par Méry. *Paris*, 1828. 3 vol. in-8. == Dictionnaire du Langage vicieux. *Paris*, 1835. 1 vol. in-8. Ensemble 11 vol.

98. Histoire de la Presse en France, par Hattin. *Poulet-Malassis*, 1859. 8 vol. in-12 br. == Les Gazettes de Hol-

lande, par Hattin. *Pincebourde,* 1865. 1 vol. in-8, br.
==Manuel de la Liberté de la Presse, par Hattin. *Pagnerre,* 1868. 2 vol. in-8, br. Ensemble 11 vol.

99. **Hume** (David). Histoire d'Angleterre, continuée jusqu'à nos jours. 2e édition, traduction nouvelle par M. Campenon. *Furne et Ce,* 1839. 13 vol. in-8, demi-veau gris, fig.

100. Histoire du Barreau de Paris, par Gaudry. *Durand,* 1866. 2 vol. in-8. == Le Barreau au XIXe siècle, par Pinard. *Pagnerre,* 1864. 2 vol. in-8. == Histoire de Sainte-Barbe, par Quicherat. *Hachette,* 1860. 2 vol. in-8. == Mémoires du Prince de Montbarey. *Huzard,* 1826. 3 vol. in-8. == Correspondance inédite de Marie-Antoinette, par d'Hunolstein. *Dentu,* 1864. 1 vol. in-8. Ensemble 10 vol.

101. **Hubert.** Fables nouvelles. *Amsterdam,* 1773. 1 vol. gr. in-8, veau, tr. dor., fig. de Moreau.

102. Intermédiaire (l') des Chercheurs et des Curieux, de 1864 à 1869. 5 vol. in-8, demi-mar. vert, non rognés.

103. Iconographie instructive. Portraits. 1 vol. in-8, d. v., sans titre. == Portraits de Généraux français (153). 2 vol. in-8, cart.

104. Journées mémorables de la Révolution française, racontées par un Père à ses Fils, depuis 1787 jusqu'en 1804, par le Vicomte Walsh. *Poussielgue-Rusand,*

1839. 5 vol. in-8. == Souvenirs sur Mirabeau et sur les deux premières Assemblées législatives, par E. Dumont. *Ch. Gosselin*, 1832. 1 vol. in-8. == Histoire du Directoire, par Granier de Cassagnac. *H. Plon*, 1863. 3 vol. in-8. == Histoire de l'Empereur Napoléon, par A. Hugo, ornée de 31 vignettes par CHARLET. *Perrotin*, 1833. Ensemble 10 vol in-8, br., n. c.

105. Journaux de la Révolution, par Deschiens. *Barrois*, 1829. 1 vol. in-8, d. bas. == Joseph Lebon. *Dentu*, 1861. 1 vol. in-8, d. ch. == Histoire des Montagnards, par Esquiros. *Lecou*, 1847. 2 vol. in-8, br. == Histoire de la Révolution française, par Rousselet. *Paris*, 1860. 2 vol. in-8, br. == Danton, par Bougeard. *Henry*, 1861. 1 vol. in-8, br. == Journal des Etats-Généraux, 1790. 1 vol. in-8, bas. == Vie privée du Duc de Chartres. 1790. 1 vol. in-8, bas. == Discours de Mirabeau. *Paris*, 1820. 3 vol. in-8, bas. Ensemble 12 vol.

106. **Liskenne et Sauvain.** Bibliothèque historique et militaire, dédiée à l'Armée, etc. *Anselin*, 1835. 6 vol. in-8, demi-veau bleu.

107. **Leber (E.).** Collection des meilleurs Dissertations, Notices et Traités particuliers, relatifs à l'Histoire de France, etc. *Dentu*, 1838. 20 vol. in-8, br., n. c.

108. **Lettres** édifiantes et curieuses, écrites des Missions étrangères, *Paris, Mérigot, jeune*, 1780. 26 vol. in-12, v. gr.

109. Leçons d'Anatomie comparée, par Georges Cuvier. *Crochard*, 1835. 8 vol. in-8, d. bas. == Traité des Maladies Vénériennes, par Ricord. *Blosse*, 1853. 1 vol. in-8, d. ch. == Leçons sur le Chancre, par Ricord. *Delahaye*, 1860. 1 vol. in-8, d. ch. == Du Rôle de l'Alcool dans l'Organisme, par Duroy. *Chamerot*, 1860. 1 vol. in-8, br. Ensemble 11 vol.

110. Prêtres illustres de la France, par Léon Guérin, illustrés par Lassalle et Bertrand. *Alph. Desessert, s. d.* 1 vol, gr. in-8. == Artisans illustres, par Edouard Foucaud. *Béthune et Plon*, 1841. 1 vol. gr. in-8, figures. == La Terre-Sainte et les Lieux illustrés par les Apôtres, Vues pittoresques. *Audot*, 1837. 1 vol. gr. in-8. == Heures de Loisir, par Aug. de Belisle. *Firmin Didot*, 1837. 1 vol. gr. in-8, fig. sur chine. == Les Fleurs des Saints, Actes des Saints Martyrs, par M. de Saint-Victor, enrichis de 127 vignettes. *Prunier, s. d.* 1 vol. gr. in-8. == Châteaux et Ruines historiques de France, par Alex. de Lavergne, illustration de Théodore Frère. *Ch. Warée*, 1845. 1 vol. gr. in-8. Ensemble 6 vol. gr. in-8, demi-chag.

111. Laplace. Voyage autour du Monde par les Mers de l'Inde et de la Chine, exécuté sur la *Favorite*, pendant les années 1830-31-32. *Imprimerie Royale*, 1833. 5 vol. in-8, demi-veau rouge.

Très bel exempl. Le tome V contient 60 planches en couleurs sur l'Histoire Naturelle, d'après le rapport de M. de Blainville.

112. Le Livre d'Or des Métiers. Histoire de la Coiffure, de l'Orfévrerie, de la Charpenterie, des Hôtelle-

ries, de l'Imprimerie, de la Cordonnerie. *Seré,* 1850-52.
7 vol. gr. in-8, demi-veau, fig.

113. Lettres sur la Ville de Rouen. *Rouen,* 1826. 1 vol.
in-8, d. v. = Les Mystères de Rouen, par Féré.
Rouen, s. d. 1 vol. in-8, br. = Histoire du Théâtre
de Rouen. *Rouen,* 1860. 3 vol. in-8, d. bas. = Notice sur l'Incendie de la Cathédrale de Rouen. 1823.
1 vol. in-8, br. = Histoire du Privilége de Saint-Ro-
main. *Rouen,* 1833. 2 vol. in-8, br. = Caen en 1786,
Par Poignant. *Paris,* 1841. 1 vol. in-8, br. = Histoire
de D.eux. *Dreux,* 1850. 1 vol. in-8, d. v. = Les
Eglises de l'arrondissement d'Yvetot, par Cochet.
1852. 2 vol. in-8, br. Ensemble 12 vol.

114. Le Livre, par J. Janin. *Plon,* 1870. 1 vol. in-8, br. =
Les Imprimeurs imaginaires, par Brunet. *Tross,* 1866.
1 vol. in-8, br. = Ménage de Voltaire, par Nicolar-
dot. *Dentu,* 1854. 1 vol. in-8, br. = Œuvres de Pierre
Belot. *Marseille,* 1837. 2 vol. in-8, br. = Macaronea,
par Delpierre. *Gancia,* 1852. 1 vol. in-8, d. v. Ensemble 6 vol.

115. **Le Sage** (Œuvres choisies de). *De l'Imprimerie de
Leblanc,* 1810. 16 vol. in-8, bradel, figures.

116. **Le Dieu** (L'Abbé). Mémoires et Journal sur la Vie et
les Ouvrages de Bossuet, accompagnés d'une Introduc-
tion et de Notes par l'Abbé Guettée. *Didier et Ce,* 1856.
4 vol. in-8, demi-veau fauve.

117. **Landon** (C.-P.). Vies et Œuvres des Peintres les plus

célèbres de toutes les Ecoles. Recueil classique, etc.,
réduit et gravé au trait, et publié par C.-P. Landon.
Imp. de Chaigneau, 1805-1811. In-4º cartonné, non
rogné. = Poussin 4 vol. = Lesueur et Jouvenette
2 vol. = Michel Ange, Baccio, Bandinelli et Daniel
de Volterre, 2 vol. Ensemble 8 vol.

118. Mémoires sur Napoléon en 1815, par F. de Chaboulon.
Londres, 1820, 2 vol. in-8 d. bas. = Histoire de
Napoléon, par E. Regnault. *Perrotin*, 1846. 4 vol.
in-12, d. v. = Histoire secrète du Cabinet de Napoléon, par Lévis Goldsmith. *Paris*, 1814, 1 vol. in-8,
d. bas. = Histoire de Napoléon, par Ségur, *Beau-
doin*, 1826, 2 vol in-8, d. v. = Récits de la Captivité
de Napoléon, par Montholon. *Paulin*, 1847. 2 vol. in-8,
d. bas. = Etat de la France sous Napoléon, 1 vol.
in-8, br. = La Révolution et l'Empire, par de Meaux.
Didier, 1867. 1 vol. in-8, br. Ensemble 13 vol.

119. Le Musée Napoléon, par Piroli. *Paris*, 1804. 4 vol.
in-8, cart. = Voyage d'un Iconophile, par Duchesne.
Paris, 1834. 1 vol. in-8, br. = Catalogue et Supplément de l'Œuvre de Rembrandt. *Didot*, 1824. 2 vol. in-8,
br. = Considérations sur l'Architectonique, par V. Con-
sidérant. *Paris*, 1834. 1 vol. in-8, br. Ensemble 8
vol.

120. Mélanges de Littérature et de Critique, par Ch. Nodier. *Raymond*, 1820. 2 vol. in-8, brochés. = Le
dernier Banquet des Girondins, par Ch. Nodier. *Eug.
Renduel*, 1833. 1 vol. in-8, br. = Phases de la Vie

artistique, Tableaux de Mœurs en vers, par Pierre Badenier, avec EAUX-FORTES, par A. Detrez. *Librairie Universelle*, 1845. 1 vol. in-8, broché. == Musique des Chansons de Béranger, figures de Grandville. *Perrotin*, 1866. 1 vol. gr. in-8, broché. == Jérusalem délivrée, avec la Vie du Tasse. *F. Knab*, 1838. 1 vol. in-8, demi-veau, figures sur bois. Ensemble 6 vol.

121. Mémoires des Samson. *Dupré de la Mahérie*, 1862. 6 vol. in-8, br. == Précis de l'Histoire de la Révolution, par E. Hamel. *Pagnerre*, 1870. 1 vol. in-8, br. == Histoire de la Révolution Française, par Villaumé. *Lacroix*, 1864. 3 vol. in-8, br. Ensemble 10 vol.

122. Mémoires sur l'Empire, par de Bausset. *Bruxelles*, 1827. 4 vol. in-8, cart. == Histoire de Napoléon, par de Ségur. *Houdaille*, 1838. 2 vol in-8, d. bas. == Bourrienne et ses Erreurs. *Paris*, 1830. 2 vol., d. v.== Histoire des Insurrections de Lejou, par Montfalcon. *Paris*, 1834. 1 vol. in-8, d. ch. == César, par Ampère. *M. Lévy*, 1859. 1 vol. in-8, d. ch. == Les Salons d'autrefois, par Mme de Bassanville. *Brunet, s, d.* 4 vol. in-12, d. ch. Ensemble 14 vol.

123. Mémoires de Favart. *Collin*, 1808. 3 vol. in-8, c. == Œuvres de Gessner. *Dufar, s. d.* 2 vol. in-8, d. v., f. g. == Vie de Beuvenuto Cellini. *Audot*, 1833. 2 vol. in-8, br. == Œuvres inédites de Piron. *Poulet Malassis*, 1859. 1 vol. in-8, c. == Des Arts et des Artistes en Espagne, par Laforge. *Lyon*, 1859. 1 vol. in-8, d. ch. == Marie Madeleine, par Montifaud. *Lacroix*, 1 vol. in-8, b. Ensemble 10 vol.

124. Manuel d'Archéologie pratique, par l'Abbé Th. Pierret. *V. Didron*, 1864. 1 vol. == Etudes d'Archéologie et d'Histoire, par H. Fourtoul. *Firmin Didot*, 1854. 2 vol. == Les Forêts de la Gaule et de l'ancienne France, par Alfred Maury. *Ladrange*, 1867. 1 vol. == Dictionnaire dés Fiefs, Seigneuries, etc., de l'ancienne France, par Gourdon de Genouillac. *E. Dentu*, 1862. 1 vol. == Manuel d'Archéologie religieuse, civile et militaire, par J. Oudin. *J. Lecoffre et C*e, 1845. 1 vol. == Histoire complète de la Noblesse de France, depuis 1789 jusque vers l'année 1862, par N. Batjin. *E. Dentu*, 1862. 1 vol. Ensemble 7 vol. in-8, brochés.

125. Mémoires du Maréchal Suchet sur ses campagnes en Espagne, depuis 1808 jusqu'en 1814. *A. Bossange*, 1828. 2 vol. bradel, non rognés et 2 étuis contenant les planches collées sur toile et pliées.

126. Mémoires de Madame la Comtesse du Barri. *Mame*, 1829. 6 vol. in-8, demi-veau, tr. marb. Débats de la Convention Nationale. ou Analyse complète des Séances, etc. *Bossange*, 1828. 5 vol. in-8, bradel. Ensemble 11 vol.

127. **Montfaucon** (Bernard de). L'Antiquité expliquée et représentée en figures. *F. Delaulne*, 1722. 10 vol. in-folio, veau.

128. **Michelet.** Histoire de France jusqu'au XVIe siècle. *Hachette*, 1844. 6 vol. in-8, br.

129. Mémoires de Maurepas. *Buisson*, 1792. 4 vol. in-8,
d. bas. = Souvenirs de la Marquise de Créquy. *Delloye*, 1842. 10 vol. en 5, d. ch. = Histoire de France
sous Mazarin, par Bazin. *Chamerot*, 1842. 2 vol. in-8,
d. bas. = Vie de Catherine II. *Buisson*, 1797. 2 vol.
in-8, v. m. = Histoire des Inaugurations des Rois.
Paris, 1776. 1 vol. in-8, v. éc. Ensemble 19 vol.

130. Marchand (Etienne). Voyage autour du Monde pendant les années 1790-91 et 92, avec cartes et figures
par C.-P. Claret-Fleurieu. *De l'Imprimerie de la Répu-
blique, an VI.* 4 vol. in-4°, demi-veau, tr. marb.

131. Mémoire sur les Ruines du Viel-Evreux, par F. Rever.
Evreux, 1827. 1 vol. in-8, d. mar., t. dor. = Histoire des Ducs de Normandie, par Guillaume de
Jumiège. *Caen*, 1826. 1 vol. in-8, d. mar., t. dor. =
Histoire de la ville d'Amiens depuis les Gaulois jusqu'à
nos Jours, par Dusevel. *Amiens*, 1848. 1 vol. in-8.,
demi-chag. = Histoire des Comtes d'Eu, par L. Es-
tancelin. *Dieppe*, 1828. 1 vol., demi-mar., c. = Journal des Savants de Normandie. *Caen*, 1844. 1 vol.
gr. in-8, demi-veau. Ensemble 5 vol.

132. Mémoires de Vidocq. *Tenad*, 1823. 4 vol. in-8, br. =
Mémoires d'un Forçat, ou Vidocq dévoilé. *Rapilly*,
1829. 3 vol. in-8, br. Ensemble 7 vol.

133. Le Merveilleux, par H. Blanc. *Plon*, 1865. 1 vol. in-8,
br. = Histoire de la Sorbonne. *Buisson*, 1790. 2 vol.
in-8. = Œuvres de Guerle. *Delangle*, 1829. 1 vol.

in-8. = Dictionnaire de la Langue française, par Hippeau. *Aubry*, 1873. 1 vol. in-8, br. = Les Substances alimentaires, par Payen. *Hachette*, 1865. 1 vol. in-8. = Les Journaux chez les Romains, par Leclerc. *Didot*, 1838. 1 vol. in-8., br. = Du Problème de la Misère, par Moreau. *Paris*, 1851. 2 vol. in-8. br. = Les Sociétés secrètes, par Cautelen. *Didier*, 1863. 1 vol. in-8, br. = L'Industrie dans l'Antiquité. *Didot*, 1838. 1 vol. in-8. = Chute des Jésuites, par Saint-Priest. *Amyot*. 1844. 1 vol. in-8, br. = Histoire du Drapeau, par Rey. *Paris*, 1837. 2 vol. in-8, d. v. Ensemble 14 vol.

134. Moralité des Blasphémateurs de Dieu. *Paris, Silvestre,* 1831. vol. in-8, agenda br. = Le Cocu en herbe. *Turin*, 1871. In-12 br. = Les Cabarets de Rouen. en 1556, *Rouen*, 1870. In-18 br. = Les Ordonnances pour éviter les Dangers de la Peste en 1531, *Paris, Willem*, 1873. 1 vol. in-12, br. = Le Fer rouge, par Glatigny, *France et Belgique*, 1871. In-18, br. = Les deux Relations du Meurtre de Monalduchi. In-32, br. Ensemble 6 vol.

135. La Minerve française. *Paris*, 1818-1820. 9 vol. in-8, d. bas. = L'Atheneum français. *Paris*, 1853-55. 8 vol. in-4º, br. Ensemble 17 vol.

136. Mélanges historiques de Boisjourdain. *Paris*, 1807. 3 vol. in-8. br. = Mémoires de H. Campion. *Paris, Treuttel*, 1807. 1 vol. in-8, br. = Histoire des Paysans, par Bonnemère. *Chamerot*, 1856. 2 vol. in-8, br. =

L'Italie il y a cent ans, par Ch. de Brosses. *Paris, Levavasseur*, 1836. 2 vol. in-8, br. Ensemble 8 vol.

137. Mémoires de Dupin. P*lon*, 1855. 4 vol. in-8, d. v. == Discours et Rapports de Dupin. *Plon*, 1862. 1 vol. in-8, d. v. == Le Droit des Gens, par Vattel. *Aillaud*. 1838. 3 vol. in-8, br. == Histoire de la Possession, par Alauzet. *Paris*, 1849. 1 vol. in-8, br. == Assises du Royaume de Jérusalem, par V. Foucher. 1re et 2e partie du t. 1er. 2 vol. in-8, br. Ensemble 11 vol.

138. Mémoires du Comte de Maurepas. *Buisson*, 1792. 4 vol. in-8, br. ==Nouvelles à la main sur la Comtesse du Barry. *Plon*, 1861. 1 vol. in-8, br. == Mlle de la Vallière, par A. Houssaye. *Plon*, 1860. 1 vol. in-8, br. == Curiosités historiques sur Louis XIII, par Leroy. *Plon*, 1864. 1 vol. in-8, br. Ensemble 7 vol.

139. Mémoires de Saint-Simon. *G. Barba*. 5 vol. in-4º, br. == Louis XIV et son Siècle, par Al. Dumas. *Dufour*, 1857. 2 vol. in-4º, br. == Les Murailles révolutionnaires. *Bry*, 1856. 2 vol. in-4º, br. == Le Roman, *Paris*, 1870. 1 vol. in-4º, br. Ensemble 10 vol.

140. Mémoires de Mme de Genlis. *Barba*, 1825. 8 vol. in-8. == Mémoires de Sanson. *Paris*, 1830. 2 vol. in-8. == Aventures de Guerre de la Révolution, par Moreau de Joanès. *Pagnerre*, 1858. 2 vol. in-8. == Œuvres de Rabaut Saint-Etienne. *Laisné*, 1826. 2 vol. in-8. == Supplément aux Mémoires dn Duc de Gaëte. *Delaunay*, 1834. 1 vol. in-8. Ensemble 15 vol.

141. Mémoires du Cardinal de Retz. *Ledoux,* 1820. 6 vol.
in-8, demi-v. = Galanteries de Bassompierre. *Hortet,*
1839. 2 vol., d. bas. = Chronologie de l'Histoire de
France, par Duruy. *Chamerot,* 1849. 1 vol.in-8, d.
v. = Histoire de Bayard. *Ladvocat,* 1828. 1 vol in-8,
d. v. Ensemble 10 vol.

142. Napoléon et la Conquête du Monde, 1812 à 1832.
Delloye, 1836. 1 vol., demi-chag. = Histoire militaire
de la Campagne de Russie en 1812, par Boutourlin.
Pétersbourg, 1824. 2 vol., veau. = La Vie militaire
sous l'Empire, par E. Blaze *Moutardier,* 1837. 2 vol.,
demi-chag. = Paris, Saint-Cloud et les Départemens,
ou Buonaparte, sa Famille et sa Cour. *Ménard,* 1820.
3 vol., demi-chag. Ensemble 8 vol. in-8, reliés.

143. A. Nourrit, par Quicherat, *Hachette,* 1867. 3 vol. in-8,
br. = Dictionnaire des Artistes, par Fontenay.
Vincent, 1776. 2 vol. in-8, d. ch. = Histoire des
Amateurs italiens, par Dumesnil. *Renouard,* 1853.
1 vol. in-8, d. bas. = La Musique mise à la portée
de tout le Monde, par Fétis. *Hachette,* 1847. 1 vol.
in-8, br. = Manuel de l'Amateur de Tableaux, par
La Chaise. *Paris,* 1866. 1 vol. in-12. = Collection de
Lettres de N. Poussin. *Didot,* 1824. 1 vol. in-8, d. v.
= F. Gérard, par Le Normand. *Paris,* 1847. 1 vol.
in-12, d. ch. Ensemble 10 vol.

144. Napoléon dans l'Exil, par Omeara. *Londres,* 1823.
2 vol., d. ch. = La princesse de Lamballe, par de
Lescure. *Plon,* 1864. 1 vol. in-8, br. = Les dernières

Amours de Mme du Barry, par la C^sse Dash. *Plon*, 1864.
1 vol. in-8, br. == D. Manin, par H. Martin.
Furne, 1859. 1 vol. in-8, br. == Les Maîtresses
de Louis XV, par Goncourt. *Didot*, 1860. 2 vol. in-8,
br. == Le Livre, par Janin. *Plon*, 1870. 1 vol. in-8,
br. Ensemble 8 vol.

145. Nouvelles Méditations poétiques, par Lamartine.
Urbain Canel, 1823. 1 vol. in-8, d. bas. == Poème
inédit de Jean Marot, *Paris*, 1860. 1 vol. in-8, cart. ==
Poésies de Barbey d'Aurevilly. *Paris*, 1870. 1 vol.
in-8, br. == Œuvres inédites de Ronsard *Aubry*,
1853. 1 vol. in-8, br. == Le bel Inconnu, par Hippeau. *Aubry*, 1865. 1 vol. in-8, br. == La Vie de
Saint-Thomas. *Aubry*, 1862. 1 vol. in-8. == Vaux de
Vire. *Caen*, 1821. 1 vol. in-8, br. == Le Débat de deux
Demoiselles. *Didot*, 1825. 1 vol. in-8, br. == Œuvres
d'Eustache Deschamps, *Reims*, 1848. 2 vol. in-8, br.
(Exemplaire sur papier bleu).==La Journée des Madri-
gaux.*Aubry*, 1868. 1 vol. in-8, d. ch. Ensemble 11 vol.

146. Nouveau (le). Diable Boiteux, Tableau philosophique
et moral de Paris, par Chaussard. *Buisson, an VII*,
2 tomes en 1 vol. *2 Frontispices gravés par Baquoy
et Delignon.* == Précis de l'Histoire de la Révolution
française, par Rabant Saint-Etienne, *Kleffer*, 1822.
1 vol. == Les Septembriseurs, scènes historiques.
Delangle, 1829. 1 vol. == Les Crimes des Reines de
France, depuis le commencement de la Monarchie
jusqu'à Marie-Antoinette, avec 5 Gravures, publiés
par L. Prudhomme. *Au Bureau des Révolutions*, 1791.

1 vol. in-8, veau. == Vie publique et privée de Honoré-Gabriel Riquetti, comte de Mirabeau. *Hôtel d'Aiguillon*, 1791. 1 vol., portrait. == Vie Politique de tous les Députés à la Convention Nationale, pendant et après la Révolution, par M. R... *L. Saintmichel*, 1814. 1 vol., bradel. Ensemble 6 vol. in-8, reliés.

147. Œuvres d'Armand Carrel. *Chamerot*, 1857, 5 vol. in-8. == Mémoires de Dupin. *Plon*, 1856. 4 vol. in-8. == Biographies Contemporaines, par Boullée. *Vaton*, 1863. 2 vol. in-8. Ensemble 11 vol.

148. Œuvres de J. Racine. *Paris, Verdière*, 1816. 7 vol. in-8. br. == Œuvres choisies de Lanjou. *Collin*, 1811. 4 vol. in-8, br. == Lettres inédites de Voltaire. *Paris, Didier*, 2 vol. in-8, br. Ensemble 13 vol.

149. Œuvres de Boileau. *Pourrat*, 1837. 2 vol. in-8, d. v. == Derniers Chants, par Casimir Delavigne. *Didier*, 1845. 1 vol. in-8, br. == Les Trouvères Brabançons, par Dinaux. *Techner*, 1863, 1 vol. in-8, br. == Histoire d'Horace, par le Baron Walckenaer. *Michaud*, 1840. 2 vol. in-8, d. v. == Essai sur les Fables indiennes, par Loiseleur. *Techner*, 1838. 1 vol. in-8, d. v. == Le Chansonnier huguenot. *Tross*, 1871. 2 vol. in-12, br. == L'Esprit dans l'Histoire, par Fournier. *Dentu*, 1860. 1 vol. in-12, br. == Œuvres de Sheridan. *Gosselin*, 1841. vol. in-12, d. ch. Ensemble 11 vol.

150. Œuvres complètes de Champfort. *Chamerot*, 1824. 5 vol. in-8, br. == Œuvres de Rulhières. *Ménard et Desenne*, 1819. 6 vol. in-8, br. == Œuvres de Laro-

chefoucauld. *Ponthieu,* 1825. 1 vol. in-8, d. m. =
Baudelaire. Les Fleurs du Mal. = L'Art romantique.
Curiosités exthétiques. 3 vol. in-12, d. m. Ensemble
15 vol.

151. Œuvres de J.-J. Rousseau. = Dialogues, 2 vol. =
Mémoires, 10 vol. = Mélanges, 6 vol. = Pensées, 2
vol. = Emile, 5 vol. = Nouvelle Héloïse, 7 vol. =
Pièces diverses, 4 vol. = Considérations sur la Polo-
gne, 1 vol. = Ensemble 37 vol., format casin, v. f.,
tr. dor.

152. Œuvres de Landriot. *Palmé,* 1864. 3 vol. in-8, br. =
Œuvres du Père Ventura. *Vatou,* 1862, 1 vol. in-8. =
De Imitatione Christi. *Tross,* 1868. 1 vol. in-8, br. =
Gerson, de l'Imitation, par l'Abbé Delaunay. *Tross,*
1869. 1 vol. in-8, br. Ensemble 6 vol.

153. Œuvres de Shakespeare, tr. par B. Laroche. *Gosselin,* 1842. 7 vol. in-12, d. v. = La Comédie au Bou-
doir, par Podestat, *Paris,* 1869. 1 vol. in-12, d. m.=
Théorie de l'Art du Comédien. *Paris,* 1826. 1 vol.
in-8, br. = Le Rideau levé. *Paris,* 1818. 1 vol. in-8,
c. = Supplément aux Œuvres de Molière. *Paris,*
1825. 1 vol. in-8, br. = L'Opéra Italien, par Castil-
Blaze, *Paris,* 1856. 1 vol. in-8, br. Ensemble 12
vol.

154. Œuvres d'Hamilton. *Renouard,* 1812 3 vol. in-8, d.
v. = Vie publique de Montaigue, par Grün. *Amyot,*
1855. 1 vol. in-8, cart. = Histoire de Richer. *Reims,*
1855. 1 vol. in-8, d. v. = Manuel historique, par

Heeren. *Videcoq*, 1841. 1 vol. in-8, bas. == Histoire politique des Etats-Unis, par Laboulaye, *Durand*, 1855. 2 vol. en 1, d. ch. == Tableaux de Genre et d'Histoire, par Barrière. *Ponthieu*, 1828. 1 vol. in-8, d. v. Ensemble 9 vol.

155. De l'Origine des Facultés intellectuelles de l'Homme, par Gall. *Paris*, 1822. 6 vol. in-8, br. == La Folie devant les Tribunaux, par Legrand. *Savy*, 1864. 1 vol. in-8. == Leçons sur l'Homme, par Vogt. *Reinwald*, 1865. 1 vol. in-8, br. == Eloges lus à l'Académie de Médecine, par Dubois. *Didier*, 1864. 2 vol. in-8, br.== Manographie, par Francœur. *Bachelier*, 1837. 1 vol. in-8, d. bas. == Recherches sur les Météores, par Coulvier Gravier. *Paris*, 1859. 1 vol. in-8. Ensemble 12 vol.

156. Œuvres de Bernard Palissy. *Charavay*, 1880. 1 vol. in-8, br. == Les Grands Architectes de la Renaissance, par Berty. *Aubry*, 1860. 1 vol. in-8, br. == Les Sculptures Grotesques, par Champfleury. *Rouen*, 1880. 1 vol. in-12, br. == Observations sur le Génie des Artistes, par Lenoir. *Paris*, 1824. 1 vol. in-8, d. v. == Histoire des Faïences, par Davillier. *Castel*, 1863. 1 vol. in-8, br. == Histoire de la Gravure en France, par G. Duplessis. *Rapilly*, 1861. 1 vol. in-8, br. == Recueil des Plans de Saint-Pétersbourg. 1 vol. in-4º, v. f. Ensemble 7 vol.

157. Œuvres complètes de Boileau Despréaux, avec des Préliminaires, par Daunou. *P. Dupont*, 1826. 4 vol.

in-8, bradel. = Œuvres du Comte de Tressan, précédée d'une Notice, par Campenon. *Nepveu*, 1823. 10 vol. in 8, demi-veau bleu. Ensemble 14 vol.

158. Proverbes dramatiques, de Théodore Leclercq, nouvelle édition ornée de 78 gravures, d'après Alfred et Tony Johannot. *E. Lebigre-Duquesne*, 1854. 8 vol. in-12, brochés. = Les Aventures du Duc de Roquelaure, ses Farces, ses Facéties, ses Duels, ses Amours. *Fayard, s. d.* 3 vol. in-12. demi-chag., ébarbé. Ensemble 11 vol. in-12.

159. Physiologie et Hygiène, par Réveillé Parive. *Denlu*, 1839. 2 vol. in-8, cart. = Lettres sur la Danse, par Baron. *Dondey-Dupré*, 1824. 1 vol. in-8, cart. = Recherches sur Jésus-Christ et sa Famille. *Dijon*, 1829. 1 vol. in-8, bas. = Le Romancero français. *Techner*, 1833. 1 vol. in-12, br. = Le Triomphe des Carmes, poème du XIVe siècle. *Valenciennes*, 1834. 1 vol. in-8, d. v. = Recherches sur les Enseignes. *Paris*, 1832. In-8, br. Ensemble 7 vol.

160. Poésies de Sainte-Beuve, par Joseph Delorme. *Poulet-Malassis*, 1861. 1 vol. in-8, br. = Sainte-Beuve, Poésies complètes. *Michel-Lévy*, 1863. 2 vol. in-8, br. = Le Livre, par J. Janin. *Plon*, 1869. 1 vol. in-8, br. = Le Chasseur Bibliographe. 2 vol. in-8, br. = Histoire de la Querelle des Anciens et des Modernes, par Rigaud. *Hachette*, 1856. 1 vol. in-8, br. = Le Sac de Rome, par P. Bonaparte. *Florence*, 1830. 1 vol. in-8, br. = Ensemble 8 vol.

161. **Paris** (Louis). Le Cabinet historique. *Paris*, 1855-1863. 9 vol. in-8.

Les 5 premiers sont reliés demi-chag. vert, les 4 autres sont en livraisons.

162. **Panckoucke et Lecointe**. Victoires, Conquêtes. Désastres, Revers et Guerres civiles des Français, de 1789 à 1815. *Paris*, 1834-1836. 13 vol. in-8 et 2 atlas, demi-veau, non rogné.

163. **Proverbes dramatiques**. *Lejay*, 1774. 8 vol. in-8, veau. == Galerie historique des Acteurs du Théâtre Français, depuis 1600 jusqu'à nos jours, par Lemazurier. *J. Chamerot*, 1810. 2 vol. in-8, bradel. Ensemble 10 vol.

164. **Pallas** (Voyages du professeur) dans plusieurs Provinces de l'Empire de Russie et dans l'Asie septentrionale, etc. *Maradan, an II*. 8 vol. in-8 et un atlas in-folio, veau, rac., fil., tr. dor.

165. **Patin**. Etudes sur les Tragiques grecs. *L. Hachette*, 1841. 3 vol. in-8, demi-chag. rouge. == L'Enlèvement d'Hélène, poème de Coluthus, traduit par Stanislas, Julien. *De Bure*, 1823. 1 vol. in-8, demi-chag. Ensemble 4 vol.

166. **Papillon de La Ferté**. Extraits de différents ouvrages publiés sur la Vie des Peintres. *Ruault*, 1776. 2 vol. in-8, veau, 2 fig. de Moreau.

167. **Plaisirs** (les) de l'Isle enchantée, Course de Bague, Collation ornée de Machines, Comédie meslée de danse

et de musique, etc., faites par le Roy, à Versailles.
le 7 Mai 1664, et continués plusieurs autres jours.
A *Paris, chez Robert-Ballard,* 1664. 1 vol. in-folio,
parchemin.

168. Le Pantcha. Tantra, par l'abbé Dubois. *Barraud,*
1872. 1 vol. in-8, br. == Essai snr les Fables indiennes, par Deslongchamps. *Techner,* 1838. 1 vol. in-8,
br. == Mélanges sur les Langues. *Paris,* 1831. 1 vol.
in-8, d. v. == Etudes sur les Proverbes. par Quitard.
Techner, 1860. 1 vol in-8, d. v. == Dictionnaire de la
Langue romane, par Roquefort. *Warée,* 1808. 2 vol.
in-8, d. bas. == Observation sur le roman de Rou,
par Raynouard. *Rouen,* 1829. 1 vol. in-8, br. Ensemble 7 vol.

169. Les Pères de l'Eglise, traduits en français par
Zenonde. *Sapia,* 1847. 8 vol. in-8. d. bas.

170. Paris—Londres. Keepsake français 1839, Nouvelles
inédites, illustrées par 26 vig. *Delloye,* 1839. 1 vol.
in-8, broché.

Nous vendrons sous ce n° une série de Keepsake brochés ou dans leur re-
liure de l'époque.

171. Promenades pittoresques en Touraine, par l'Abbé
C. Chevalier, 180 gravures sur bois, d'après Karl Gi-
rardet et Français. *Alfred Mame,* 1869. 1 vol. gr.
in-8. == Voyage en Suisse, par Xavier Marmier, illustrations de Rouargue frères. *Morizot,* 1862. 1 vol. gr.
in-8, fig. coloriées. == La Suisse historique et pittoresque, description de ses vingt-deux cantons, etc.,

ornée de jolies Vues gravées sur acier, de costumes et cartes. *Didier et C*ᵉ, 1858. 2 vol. gr. in-8, fig. coloriées. == Voyage pittoresque en Alsace par le chemin de fer de Strasbourg à Bâle, par M. de Rouvrois, illustration sur bois. *Mulhouse*, 1844. 1 vol. gr. in-8. Ensemble 5 vol. gr. in-8, brochés.

172. Plauti Comédiæ, 3 vol. == Virgilius, 2 vol. == Persius et Juvénal, 1 vol. == Curtius, 1 vol. == De Imitatione Christi, 1 vol. Ensemble 8 vol. *Ed. Barbon*. v. f., tr. dor.

173. **Petite Revue** (la). *René Pincebourde, Editeur*. Du 14 Novembre 1863 au 10 Novembre 1866. 12 vol. in-12, carré, br., n. c. == Paris-Guide, par les principaux Ecrivains et Artistes de la France. *A. Lacroix*, 1867. 2 vol. in-8, cartonnés. Ensemble 14 vol.

174. Le Règne Animal, par Cuvier. *Bruxelles*, 1839. 3 vol. in-4°. br. == Histoire et Légende des Plantes, par Rambosson. *Didot*, 1868. 1 vol. in-8, br. == Paléontologie de la France, par d'Archiac. *Paris*, 1868. 1 vol. in-4°, br. == Visite au Jardin d'Acclimatation, par M. Barr. *Tours*, 1867. 1 vol. in-8, br. == Sciences Mathémathiques et Physiques, par Quetelet. *Bruxelles*, 1867. 1 vol. in-8, br. Ensemble 7 vol.

175. **Rabelli**. Mascarades Monastiques et Religieuses de toutes les Nations du Globe, etc. *Paris, MDCCVIIC*. 1 vol. in-8, demi-mar. rouge, non rogné.

Très bel exempl. 26 planches en couleurs.

176. Répertoire général des Causes célèbres anciennes et modernes, de B. Saint-Edme. *Louis Rosier*, 1834-1835. 15 vol. in-8, bradel, non rognés. === Nouvelles Causes célèbres, ou Fastes du Crime, par Moquard. *Pourrat*, 1842. 6 tomes en 3 vol. in-8, demi-chag. Ensemble 18 vol. reliés.

177. La Russie, le Pays, les Institutions, les Mœurs, par Mackenzie Wallace. *G. Decaux*, 1877. 2 vol. === Histoire de Frédéric le Grand, par M. Camille Paganel. *L. Hachette*, 1847. 2 vol. === Catherine II et son Règne, par E. Jauffret. *E. Dentu*, 1860. 2 vol. === Nouveaux Mélanges asiatiques, ou Recueil relatif aux Religions, aux Sciences, aux Coutumes, etc., des Nations orientales, par Abel Rémusat. *Schubart*, 1829. 2 vol. === La Science et les Lettres en Orient, par J.-J. Ampère. *Didier et Ce*, 1865. 1 vol. Ensemble 9 vol. in-8, broché.

178. Revue pittoresque, Musée littéraire, 1843-1850. 7 vol. in-4°, br.

179. Senancour (de). *Paris, Abel Ledoux*, 1833-1834, Obermann. 2 vol. === De l'Amour, 2 vol. === Isabelle, 1 vol. === Rêveries, 1 vol. Ensemble 6 vol. in-8, demi-chag. rouge, non rogné.

180. Suisse (Alpes pittoresques). Description de la Suisse, ornée de vues et cartes gravées sur acier, costumes et armoiries coloriés, etc. *Paris, Delloye*, 1837. 2 vol. in-4°, demi-veau violet, tr. marb.

181. **Saint-Edme.** Répertoire général des Causes célèbres anciennes et modernes. *Louis Rosier*, 1834. 16 vol. in-8, demi-chag. rouge.

182. Science de la morale, par Ch. Renouvier, *Ladrange*, 1869. 2 vol. == La Philosophie de Gœthe, par E. Caro. *L. Hachette*, 1866. 1 vol. == Bacon, sa Vie, son Temps, sa Philosophie et son Influence, par Ch. de Rémusat. *Didier et Cᵉ*, 1857. 1 vol. == Le Règne social du Christianisme, par F. Huet. *Firmin Didot*, 1853. 1 vol. == Christianisme et Paganisme, identité de leurs origines ou nouvelles symbolique, par Paul Renaud. *Bruxelles*, 1861. 1 vol. == Nouvelle Vie de Jésus. par D.-F. Strauss, traduite de l'Allemand. *J. Hetzel et Lacroix*, s. d. 2 vol. == Les Mystiques Espagnols, par P. Rousselot. *Didier et Cᵉ*, 1867, 1 vol. Ensemble 9 vol. in-8, brochés, n. c.

183. La Sainte Bible contenant le vieil et nouveau Testament. *Paris, Michelle Gaillard*, 1568. 4 vol. in-4°, bas.

184. Sammlung, autographe fac-simile. *Stuttgart*, 1846. 1 vol. in-4° cart. == Le Musée de la Comédie française. *Ollendorff*, 1878, 1 vol. in-8, br. Ensemble 2 vol.

185. Splendeurs (les) de la Foi, accord parfait de la Révélation et de la Science, de la Foi et de la Raison, par l'abbé Moigno. *Gauthier-Villars*, 1879. 4 vol. == Jésus-Christ, son Temps, sa Vie, son Œuvre, par E. de Pressencé. *Ch. Meyrucis*, s. d. 1 vol. == Conférences du Révérend père de Ravignan, prêchées à

Notre-Dame de Paris. *Librairie Poussielgue,* 1860.
4 vol. == Le R. P. II.-D. Lacordaire, sa Vie intime et
religieuse, par le R. P. B. Chocarne. *V^ce Poussielgue,*
1866. 2 vol. Ensemble 11 vol. in-8, broché.

186. Les Soirées de Neuilly. par de Fougeray. *Moutardier,*
1827. 2 vol. in-8, d. v. == Physiologie du Ridicule.
Vimont, 1832. 2 vol. -8, c. == Œuvres de Collin
d'Harleville. *Jaunet et Cotelle,* 1821. 2 vol. in-8, d.
ch. == Œuvres de Crébillon. *Furne,* 1833. 2 vol. in-8,
br. == Les Médecins au temps de Molière, par Ray-
naud. *Didier,* 1862. 1 vol. in-8. == Les Œuvres de
Coquillard. *Techner,* 1847 2 vol. in-8, br. == Poésies
Chinoises, par d'Hervey. *Amyot,* 1862. 1 vol. in-8,
d. m Ensemble 12 vol.

187. Les Tourterelles de Zelmis, par Dorat. *Rouen,* J. *Le-
monyer,* 1880. 1 vol. in-8, br. sur Whatman, 3 sui-
tes de figures. == Les Porcelaines de Sèvres de Mme
du Barry, par le Baron Ch. Davillcr. *Aug. Aubry,*
1870. 1 vol. in-8, br. == Notices sur les Graveurs qui
nous ont laissé des Estampes marquées de monogram-
mes, chiffres, etc , etc. *Besançon,* 1807. 2 vol. in-8,
br. == La Librairie de Jean, duc de Berry, au Château
de Mhun-sur-Yèvre (1416). *Aug. Aubry,* 1860. 1 vol.
in-8, demi-chag., ébarbé. == Eloge Historique de
Callot, Noble Lorrain, célèbre Graveur, etc. *Bruxelles,*
1766. 1 vol. gr. in-8, broché, vignette, 2 portraits.
Ensemble 6 volumes.

188. **Turgan.** Les Grandes Usines de France, tableau de

l'Industrie française au XIXᵉ siècle. *Michel Lévy*,
1860-1870. 9 vol. in-4°, brochés, n. c.

189. **Tite-Live** (Histoire romaine de). Traduction nouvelle par Dureau de Lamalle. *Michaud frères*, 1810.
15 vol. in-8, demi-veau, br., tr. marb.

190. Traité théorique et pratique des Connaissances nécessaires à tout Amateur de tableaux, par de Burtin. *Valenciennes*, 1846. 1 vol. in-8, demi-chag. == Histoire des
plus célèbres Amateurs français, etc., par J. Dumesnil.
Pierre-Jean Mariette, 1694-1774. *E. Dentu*, 1856.
1 vol. in-8, demi-rel., non rogné. == Essai sur l'origine de la Gravure en bois et en taille douce, et sur
la connaissance des Estampes. etc., 2 vol. in-8, veau.
Ensemble 4 vol.

191. Trois Mousquetaires, par Alex. Dumas. *Fellens*, 1846.
1 vol. gr. in-8, illustré. == Histoire de Louis XVI et
de Marie-Antoinette, par Alex. Dumas. *Dufour et
Mulat*, 1852. 3 vol. gr. in-8, illustré. == La Régence
de Louis XV, par Alex. Dumas. *Dufour et Mulat*, 1850.
1 vol. g. in-8, illustré. == Mystères de l'Inquisition
et autres Sociétés secrètes de l'Espagne, par de
Féréal, illustré de 200 figures. *Boizard*, 1846. 1 vol.
gr. in-8. == Histoire de France depuis l'établissement
des Francs jusqu'en 1830, par Théodore Burette.
Benoist, éditeur, 1840. 2 vol. gr. in-8, illustrés.
Ensemble 8 vol., reliés.

192. A. **Thierry**. Récits des Temps Mérovingiens. *J. Tessier*, 1842. 1 vol. in-8, d. ch. == Dix Ans d'Etudes

historiques. *J. Tessier*, 1842. 1 vol. in-8, d. ch. ==
Lettres sur l'Histoire de France. *J. Tessier*, 1842. 1
vol. in-8, d. ch. == Conquête de l'Angleterre. *J. Tessier*, 1843. 4 vol. in-8, demi-ch. Ensemble 7 vol.

193. Voyage au Pays des Milliards, par Victor Tissot.
Schulz et Fils, s. d. 1 vol. in-4º, cart. toile, tr. dor.
== Voyage aux Pays Annexés, par Victor Tissot.
C. Marpon, s. d. 1 vol. in-4º, cart., tr. dor. == Faits
mémorables de l'Histoire de France, par L. Michelant,
illustrés de 120 Tableaux de M. V. Adam. *Didier*,
1844 1 vol. in-4º, cartonné toile, tr. dor. == Rési-
dences Royales et Impériales de France, Histoire et
Monuments. par J.-J. Bourassé. *A. Mame*, 1864 1
vol. in-4º, demi-chag., tr. dor. Ensemble 4 vol., reliés.

194. Vie des Hommes illustres de Plutarque, traduction de
Ricard. *Tiard*, 1834. 8 vol. in-8, bas.

195. Voyages en France. *Chaigneau, an IV*. 4 vol. in-18,
v. == Mémoires pour servir à l'Histoire de Perse.
Amsterdam, 1746. 1 vol. in-12, c. == Etat de
l'Homme dans le Péché. *s. l.* 1774. 1 vol. in-18, mar.
== Bibliothèque des Amants. 1 vol. in-18, v., éc. Ensemble 7 vol.

196. Vie des Peintres Flamands et Hollandais, par Des-
camps. *Marseille*, 1842. 5 vol. in-8, d. bas. == Dictionnaire des Arts de Peinture, Sculpture et Gravure,
par Wattelet. *Prault*, 1792. 5 vol. in-8, v. r. == Histoire de la Gravure, par Duplessis. *Rapilly*, 1861. 1

vol. in-8, br. = Galerie des Peintres célèbres. *Treuttel et Wurtz,* 1821. 2 vol. en 1, d. bas. Ensemble 13 vol.

197. Voyage pittoresque autour du Monde, par Choris. *Paris, Didot,* 1827. 1 vol. in-folio, d. m *Planches en couleur.*

198. Vies des Saints, par une Réunion d'Ecclésiastiques. *Paris, Garnier frères,* 1854. 4 vol. in-4º, br. (figures).

199. La Vie de Jésus, par Strauss. *Ladrange,* 1839. 4 vol. in-8, demi-rel. = A. Nicolas. L'Art de croire. *Bray,* 1867. 2 vol. in-8, br. = La Religion, par Vacherot. *Chamerot,* 1869. 1 vol. in-8, br. = Michel Nicolas. Doctrines religieuses des Juifs. *Michel Lévy,* 1860. 1 vol. in-8, br. = Essais sur les Pentateuque. par Grandpierre. *Delay,* 1844. = Mahomet et le Coran, par Barthélemy Saint-Hilaire. *Didier,* 1865. 1 vol. in-8, br. Ensemble 10 vol.

200. **Winckelmann** (Giovanni). Monumenti Antichi inediti spiegati ed illustrati. *Roma,* 1821. 3 vol. in-folio, bradel, non-rogné.

201. **Brialmont.** Histoire du Duc de Wellington. *Bruxelles,* 1858. 3 vol., demi-veau et un étui pour les cartes collées sur toile.

202. **Brunet** (J.-Ch.). Manuel du Libraire et de l'Amateur de Livres. *Silvestre.* 1842-1844. 5 vol. in-8, demi-veau russe.

203. Compte-Rendu des Séances de l'Assemblée Nationale,
du 4 Mai 1848 au 27 Mai 1849. 11 volumes in-4º, demi-
rel., dont un vol. pour la table analytique, par ordre
alphabétique, etc. == Compte-Rendu de l'Assemblée
Nationale Législative, du 28 Mai 1849 au 2 Décem-
bre 1851. 17 vol. in-4º, demi-rel., avec le vol. pour
la table alphabétique. Ensemble 28 vol.

204. Corneille (Œuvres choisies de P.). *Paris, Lheureux*,
1822. 5 vol. in-8, veau fauve, dos orné dent. figures
de Moreau.

> Très bel exemplaire, le tome V contient les Œuvres de T. Corneille.

205. Chine (la). Mœurs, Usages, Costumes, Arts et
Métiers, Peines civiles et militaires, Cérémonies religieuses, etc., par D. B... de Malpierre. *Firmin Didot*,
1835. 3 vol. in-4º, demi-veau fauve.

> Gravures en couleurs, par Deveria, Reguier, Schaal, Vidal, etc., manque
> le titre du 3ᵉ vol.

206. Fables inédites des XIIᵉ, XIIIᵉ et XIVᵉ siècles et
Fables de La Fontaine, etc., par A.-C.-M. Robert,
ornées d'un portrait de La Fontaine, de 90 gravures
en taille douce et de 4 fac-simile, *Paris, Et. Cabin*,
1825. 2 vol. in-8, br. == Essais en Vers et en Prose,
par Joseph Rouget de Lisle. *P. Didot l'aîné*, 1796.
1 vol. in-8 br., figure de Le Barbier avant la lettre et
musique gravée. == Adonis, par Fréron et Colbert.
A Londres et se trouve à Paris, chez Musier fils, 1775,
1 titre gravé, 1 grande figure, 1 vig. et un cul-de-
lampe, par Eisen. 1 vol. in-8, broché. Ensemble
4 vol.

207. **Figurines Parisiennes**, par Ch. Monselet. *J. Dagneau,* 1854. 1 vol. in-16 broché. = Contes Théologiques suivis des Litanies des Catholiques du XVIIIe siècle, etc. *Bruxelles, Gay et Doucé,* 1879. 1 vol. in-12, br., n. c. = Histoires d'une Minute, Physionomies parisiennes, illustrée par G. Doré. *Dentu,* 1864. 1 vol. in-12, br., n. c. = Les Chats, Extraits de pièces rares et curieuses, etc., etc., le tout concernant la gent féline; recueillis par Jean Gay. *Bruxelles,* 1866. 1 vol. in-12. demi-mar., ébarbé. = Les Excentricités du Langage, par Loredan-Larchey. *E. Dentu,* 1865. 1 vol. in-12 br. = Nocrion, Conte Allobroge. *Bruxelles, Gay et Doucé,* 1881. 1 vol. in-8, br., n. c., figures. = Les Filles de Minuit, par Valery-Vernier. *Lyon, N. Scheuring,* 1865. 1 vol. in-8, br., n c. = Discours sur la Musique Zéphirienne, opuscule facétieux illustré d'Historiettes crépitantes, etc. *Paris, L Willem,* 1873. 1 vol. in-8, br. Ensemble 8 vol.

208. **Fond (le) du Sac** ou Restant des Babioles de M. X.. à *Venise, chez Pantalon-Phébus,* 1780. 2 vol , cazin, veau, tr. dor.

209. **Historiæ celebriores** Testamenti iconibus repræsentatæ et ad excitandas bonas meditationes selectis epigrammatibus exornatæ in lucem datæ à *Christophoro Weigelio Noribergæ,* 1712. 1 vol. in-folio, veau, f.

1 Frontispice et 151 figures pour l'Ancien Testament ; 1 frontispice et 103 fig. pour le Nouveau, bel exempl.

210. **Hugo (Victor).** Hernani. *Paris, Barba,* 1830. 1 vol.

in-8, br. == Les Feuilles d'Automne. *E. Renduel*, 1834.
1 vol. in-8, br. == Hernani. *E. Renduel*, 1836.
1 vol. in-8, br. == Marion de Lorme. *E. Renduel*.
1836. 1 vol. in-8, br. == Le Roi s'amuse, Lucrèce
Borgia. *E. Renduel*, 1836. 1 vol. in-8, br. == Le
Dernier Jour d'un Condamné. 18... *Delloye*, 1840.
1 vol. in-8, demi-rel. == Angelo. *E. Michaud*, 1843.
1 vol. in-8, br. == Les Burgraves, *E. Michaud*, 1843.
1 vol. in-8, br. == Actes et Paroles, 1870-1871-
1872. *Michel Lévy*, 1871. 1 vol. in-12, br. Ensemble
9 vol.

211. Histoire de Soissons, par Henri Martin. *Soissons,
Arnould*, 1837. 2 vol., demi-rel. == Les Marches de
l'Ardenne et des Woëpvres, par M. Jeantin. *Paris,
Maison*, 1854. 2 vol. in-8 br., n. c. == Histoire de
Saint Remi, suivie d'un Aperçu historiques sur la Ville
et l'Eglise de Reims, par Prior Armand. *Paris*, 1846.
1 vol. in-8, demi-chag. == Essais historique sur la
ville de Reims, par un de ses Habitants. *Reims,
Frémeau*, 1823. 1 vol. cart. == Recherches chronologiques, historiques, et politiques sur la Champagne et
sur le pays Partois, par C.-M. Detorcy. *Troyes*, 1832.
1 vol. in-8, br., n. c. Ensemble 7 vol.

212. Histoire de la Peinture flamande et hollandaise, par
Arsène Houssaye. *Paris, Sartorius*. 1848. 2 vol in-8,
br. *Exempl. en grand papier Velin*. == Les Anciens
Peintres flamands, leur Vie et leurs Œuvres, par
J.-A. Crowe, etc. *Bruxelles, Heussner*. 1862. 2 vol.
in-8, br. == La Peinture contemporaine en France,

par M. Anatole de la Forge. *Paris, Amyot*, 1856.
1 vol. == L'Œuvre de Moreau le Jeune, Notice et
Catalogue, par H. Draibel. *Paris, Rouquette*, 1874.
1 vol. in-8, br. == Traité théorique et pratique des
Connaissances nécessaires à tout Amateur de Tableaux,
etc., par F.-X. de Burtin. *Bruxelles*, 1808. 2 vol. in-8,
demi-rel. Ensemble 8 vol.

213. Histoire des Singularités, par Peignot. *Lagier*, 1841.
1 vol. in-8, c. == De la Boétie, par Feugères. *Labitte*,
1845. 1 vol. in-8, d. v. == Dante, par Ozanam. *Paris*,
1845. 1 vol. in-8, bas. == Machiavel, par Artaud.
Didot, 1833. 2 vol. in-8, v. == Histoire de Foulques,
par F. Michel. *Silvestre*, 1840. 1 vol. in-8, br. ==
Rhétorique de Voltaire, par E. Johanneau. *Paris*,
1828. 1 vol. in-8, d. v. == Notices et Mémoires histo-
toriques, par Mignet. *Paulin*, 1845. 2 vol. in-8, br.
Ensemble 9 vol.

214. Iconologie, tirée de divers Auteurs, ouvrage utile aux
Gens de Lettres, aux Poètes, aux Artistes, etc., par
J.-B. Boudard. *Parme*, 1759. 3 tomes en 2 vol. in-
folio, veau, figures.==Recueil de diverses Fables, dési-
gnées et gravées par Georges Fossati. *A Venise*, 1744.
6 tomes en 2 vol. in-folio, demi-chag. rouge, texte
français et italien. Ensemble 4 vol.

215. Influence de la Philosophie du XVIIIe siècle, par
Lherminier. *Paris*, 1833. 1 vol. in-8, br. == Inven-
taire de la Bibliothèque de Charles VI. *Aubry*, 1867.
1 vol. in-8, br. == Catalogue de Leroux de Lyncy.
Techner, 1855. 1 vol. in-8, d. v. == Extraits de Poé-

ısies des XIIe et XIIIe siècles. *Lausanne,* 1759. In-12, d.
m. = Le Parnasse assiégé. *Lyon,* 1697. 1 vol. in-18,
d. m. = Brochures sur Mirecourt. 1 vol, in-18, d. m.
Ensemble 6 vol.

216. Italie et Constantinople, par Charles Asselineau, frontispice de Célestin Nanteuil. *Paris, A..Lemerre,* 1869.
1 vol. in-12, br., n. c. = Théophile Gautier, par Ch.
Baudelaire. *Paris, Poulet-Malassis,* 1859. 1 vol. in-12,
frontispice de E. Thérond. = Madame de Lamartine,
par A. Lebailly. *Bachelin,* 1864. In-16, br., portrait.
= Lamartine (1790-1869), par Jules Janin. *Paris,*
Jouaust, 1869. 1 vol. in-16, br., n. c., portrait. = Figurines parisiennes, par Charles Monselet. *Paris, Da-*
gneau, 1854. 1 vol. in-16, br., n. c. = Histoire de la
Poste aux Lettres, par Arthur de Rothschild. *Paris,*
Librairie Nouvelle, 1873. 1 vol. in-12, br., n. c. Ensemble 6 vol., br., n. c.

217. Lamartine (Œuvres complètes de), édition illustrée.
Paris, Ch. Gosselin et Furne, 1836. Tomes I, II, III,
IV. 4 vol. in-8, brochés, en partie non coupés.

218. Lettres et Opuscules inédits du Comte Joseph de
Maistre. *A. Vaton,* 1851. 2 vol. = Histoire abrégée
de différents Cultes, par A. Dulaure. *Guillaume,*
1825. 2 vol. = Histoire civile, religieuse et littéraire
de l'Abbaye de la Trappe, etc. *Raynal,* 1824. 1 vol.
= Dissertation historique sur les Hosties Miraculeu-
ses, par J.-F. Navez. *Bruxelles, Lemaire,* 1790, 1 vol.
in-8, portrait et figure. = Lettres de la Mère Agnès

Arnauld, Abbesse de Port-Royal, publiées par P. Fau-
gère. *Benjamin Duprat*, 1858. 2 vol. in-8, demi-chag.,
tr. p. Ensemble 8 vol. in-8, reliés.

219. La Décade Philosophique, littéraire et politique,
par une Société de Républicains. = A partir de l'an V,
par une Société de Gens de Lettres. *10 Floréal an II
au 21 Septembre*, 1807. 54 vol. in-8, demi-parchemin,
non rognés, figures et musique.

220. Littré. Dictionnaire de la Langue française. *Paris,
Hachette et C*, 1863. 4 vol. in-4°, en livraisons.

221. La Fontaine. Fables de La Fontaine, édition taille-
douce. *Gouget, Graveur*, 1834. 2 vol. in-4°, veau,
demi-rel.

222. Rousseau (J.-J) (Œuvres de). *Paris, P. Didot,
l'aîné, an IX.* 20 vol. in-8, demi-veau fauve, portrait
par Saint-Aubin, et figures de Moreau, Marillier, etc.

223. Revue Universelle des Arts, publiée par Paul
Lacroix. *Paris*, 1855-1865, 24 vol. in-8, br., n. c.

224. Recueil de Portraits lithographiés de la Collection,
publiée par *Blaisot*. 3 vol. in-4°, cart. = Iconographie française, publiée par Delpech. *Paris*, 1840. 1
vol. in-4°, d. v. = Célébrités contemporaines, publiées
par Delpech. *Paris*, 1842. 1 vol, in-4°, d. v. = Iconographie des Contemporains, publiée par Delpech.
Paris, 1832. 1 vol. in-4°, d. v. Ensemble 6 vol.

225. Lélia, par G. Sand. *Degouy*, 1833. 2 vol. in-8, d.
ch. = Lauzun, par P. de Musset. *Magon*, 1836. 2
vol. in-8, br. = Raphaël, par Lamartine. *Perrotin*,
1849. La Gazette de Cythère. *Londres*, 1774. 1 vol.
in-8, d. bas. = Contes drôlatiques, par Balzac. *Gar-*
nier, s. d. 1 vol. in-8, d. ch. = Soirées de Walter
Scott, par P.-L. Jacob. *Renduel*, 1829. 1 vol. in-8,
cart. = L'An 2440, par Mercier. *Paris, an VII.* 3 vol.
in-8, cart. = Les Dîners d'Holbach. *Paris*, 1822. 1
vol. in-8, d. bas. Ensemble 12 vol.

226. Tarbé (Prosper). Trésors des Eglises de Reims, ouvrage orné de planches dessinées et lithographiées
par J.-J. Maquart. *Reims, Assy et Cᶜ*, 1843. 1 vol.
in-4º, br., fig.

Reims. — Imp. E. BUGG, rue Notre-Dame, 4.

www.ingramcontent.com/pod-product-compliance
Ingram Content Group UK Ltd.
Pitfield, Milton Keynes, MK11 3LW, UK
UKHW031806170726
13836UKWH00003B/1219